U0624565

关于对乡村旅游业推动地区经济发展问题的研究
——以崂山区为例

苏江宏◎著

中国海洋大学出版社
·青岛·

图书在版编目(CIP)数据

关于对乡村旅游业推动地区经济发展问题的研究:
以崂山区为例/苏江宏著. -- 青岛:中国海洋大学出
版社,2022.7

ISBN 978-7-5670-3210-1

Ⅰ. ①关⋯ Ⅱ. ①苏⋯ Ⅲ. ①乡村旅游－作用－区域
经济发展－研究－崂山区 Ⅳ. ① F127.524

中国版本图书馆 CIP 数据核字(2022)第 130268 号

GUANYU DUI XIANGCUN LÜYOUYE TUIDONG DIQU JINGJI FAZHAN WENTI DE YANJIU—YI LAOSHANQU WEILI

关于对乡村旅游业推动地区经济发展问题的研究——以崂山区为例

出版发行	中国海洋大学出版社		
社 址	青岛市香港东路 23 号	**邮政编码**	266071
出 版 人	杨立敏		
网 址	http://pub.ouc.edu.cn		
电子信箱	1774782741@qq.com		
订购电话	0532-82032573(传真)		
责任编辑	邹伟真	**电 话**	0532-85902533
印 制	日照报业印刷有限公司		
版 次	2022 年 7 月第 1 版		
印 次	2022 年 7 月第 1 次印刷		
成品尺寸	170 mm × 230 mm		
印 张	7.5		
字 数	101 千		
印 数	1—500		
定 价	35.00 元		

发现印装质量问题,请致电 0633-8221365,由印刷厂负责调换。

PREFACE/前言

  作为全国的旅游胜地,青岛市崂山区(以下简称"崂山区")在全域旅游理念的指引下,相继出台了发展全域旅游、乡村旅游的相关政策,这在一定程度上推动了该地区旅游产业的发展。与此同时,崂山区在发展乡村旅游方面仍然存在诸多问题。如何应对这些问题,推动乡村旅游的持续健康发展,进一步实现乡村振兴,推动地区经济发展,是崂山区当前亟须解决的关键性问题。

  为解决上述问题,本书首先回顾了国内外关于乡村旅游的相关概念、理论以及发展模式,进一步加深了对乡村旅游的理解与认识。其次,对崂山区乡村旅游的发展现状以及存在的问题进行深度解析,将其面临的发展问题归纳为八个方面:乡村旅游产品建设不足,旅游产业链条不够完善,在全国旅游中的地位需要进一步提高,基础设施不完备,人文旅游资源开发深度不够,生态资源保护不足,旅游市场管理不够规范,景区与社区融合发展深度不够。最后,针对崂山区乡村旅游存在的问题,本书提出相关建议,如开发旅游新产品、完善旅游产业链、做好基础设施建设工作、加强生态资源保护、深度开发人文旅游资源、加强景区与社区融合发展、完善旅游市场管理等。

  本书提出了通过景区发展带动周边区域乡村旅游发展的建议,不仅能够解决目前崂山区自身的旅游发展困境,还可以为其他地区在景区与乡村融合发展方面提供一个切实可行的发展思路,具有一定社会价值。

  旅游业作为我国国民经济的重要产业,是在改革开放以后发展起来的。根据文化旅游部发布的 2021 年文化和旅游统计数据显示,2021 年国内旅游收入 2.92 万亿元,比上年同期增长 31.0%;国内旅游总人次达 32.46 亿,比上年同期增长 12.8％。尽管已连续两年遭受新冠肺炎疫情冲击，但我国大众旅游的发展趋势依然蓬勃。作为农村重要产业的乡村旅游业已经成为我国经济稳定增长的重要新引擎、惠民生的重要抓手，其地位不断得到体现和加强。在中共中央、国务院印发《关于全面推进乡村振兴加快农业农村现代化的意见》后，乡村旅游将会是落实乡村振兴战略最具前景的途径之一。充分利用乡村自然资源优势的旅游业，未来所占 GDP 比例会越来越高。可以预见，乡村振兴将以旅游业态承载当地历史文化，让传统文化因旅游业焕发新生，也为旅游市场发展带来新契机。

CONTENTS/**目 录**

第一章　现代乡村旅游的起源与发展

近年来,乡村旅游在多元需求中成长,已超越传统农家乐形式,向观光、休闲、度假复合型转变,催生了特色民俗、夜间游览、文化体验、主题研学等产品和项目的开发。乡村旅游也从过去的一个点、一个村扩展为一个片区、一条特色旅游带,乡村风情小镇、沟域经济等发展迅速。乡村旅游在如今已经是乡村振兴的重要发展道路之一,为乡村建设注入了新的动力和活力。其对于当下的乡村发展来说是一条简洁高效的发展道路,是实现农村经济弯道超车的重要载体。因此,本章对乡村旅游在世界范围内的起源与发展情况进行深入研究,可以为地区乡村旅游发展提供借鉴,从而更好地推动乡村旅游业持续、健康发展。

第一节　国外乡村旅游的发展

伴随着工业革命和城市化的发展,西方社会出现了人口拥挤、交通堵塞、竞争压力大、人际关系复杂化等问题。城市人群生活质量受到影响,迫切想短暂性离开都市,释放身心压力。乡村旅游应运而生,目前已经进入成熟阶段。

乡村旅游起源于 1885 年的法国,80 年代后期开始大规模发展。如今,乡村旅游在德国、奥地利、英国、法国、西班牙、美国、日本等国家已具有相当的规模并走上了规范化发展的轨道。下面以英国、日本两国为例,简要论述这两个国家乡村旅游的发展历程。

1

一、英国乡村旅游的发展

英国是现代乡村旅游的发源地之一，历史悠久。作为工业革命的发源地，英国交通网络发达，加上诗意美妙的乡野景观，乡村旅游逐步成熟，处于世界乡村旅游发展的前列。

（一）乡村旅游的发展背景

城市化是乡村田园景区开发的前提条件。英国在工业革命爆发后，农村人口开始大量涌入城市，快速的工业化与城市化进程为乡村旅游提供了物质基础。与此同时，城市人口的快速增长使得公园绿地等城市休闲活动空间不足。不仅如此，快速的城市化导致人们的生活节奏加快、生活压力加大，很多城市居民产生了回归自然、感受田园风光、体验乡村慢生活的愿望。

（二）乡村旅游的发展历程

（1）萌芽阶段。英国在工业革命阶段完成了工业化和城市化，与之相伴的是传统乡村的不断衰落。而在乡村逐渐"消失"之时，人们开始思考乡村存在的意义。英国的乡村旅游最初大多是自发性的，往往缺乏统一的规划与管理，低水平竞争与重复建设大量存在。

（2）发展阶段。1932 年，英国政府颁布了第一部《城乡规划法》，首次提出要遏制城市向乡村扩张，确保乡村农业和林业用地不受发展规划影响，同时对乡村地区具有历史意义的建筑进行保护。20 世纪 60 年代，英国乡村旅游景区已经可以和主题公园媲美，农场更是成了英国最受欢迎的景区之一。此时的乡村田园景区就已经成了英国城市居民休闲度假、舒缓压力、体验乡村生活的重要场所。20 世纪 70 年代以后，英国将农村政策的重点聚焦在如何缓解大众日益增长的休闲娱乐活动需求与乡村自然景色保护之间的矛盾，开始重视并加大对乡村田园景观的保护力度。

（3）趋于成熟阶段。20 世纪 80 年代，英国开始逐渐重视乡村人文景观的维护与修缮工作。此后，英国的乡村旅游进一步走向成熟、规范。并且随着城市生产生活方式向乡村延伸，乡村各种基础设施和公共服务日趋完善。

英国乡村独有的生活风味也显示出吸引力。20世纪晚期以来,英国出现了城市人口向乡村迁移的新现象。

二、日本乡村旅游的发展

日本乡村旅游的发展分为三个阶段。第一阶段:在经济高速增长期,政府和民间共同推进了高级度假村的开发与经营。日本的休闲农业和乡村旅游始于20世纪50年代末期,长野县的农民在冬季农闲时期,利用当地得天独厚的自然条件,开设滑雪场和民宿旅馆,吸引了大批游客。第二阶段:泡沫经济破灭后,生态旅游、农事体验型休闲农业与乡村旅游发展迅速。为了改善经济泡沫带来的恶劣旅游环境,从1993年开始,日本在全国范围内推进休闲观光农业的发展,特别是大城市周边农村地区的水果采摘型农业园区的发展。第三阶段:休闲农业与乡村旅游的新时期。随着周末休息时间延长,日本城市居民的休闲生活需求在逐步增加。同时,城市化、工业化导致农业萎缩,日本农业、农民也需要增进与市民的交流,加大宣传农业生态保护、文化传承等作用。城乡居民的这些需求,进一步促进了日本休闲观光农业发展,并使之走上了良性发展的轨道。

第二节　国内乡村旅游的发展

我国的乡村旅游发展以农业为依托,以农村为空间,以农民为主体,以城市居民消费为市场,既扎根于"三农",又对接城市需求和现代消费,对农村经济发展、城镇化进程、城乡统筹发展都有着十分重要的意义。国内从20世纪80年代几家简单的"农家乐"出现到现在包罗万象,拥有数万亿元市场规模的乡村旅游,其发展历程经历了以下几个阶段。

一、农家乐阶段

从20世纪80年代开始,四川成都近郊郫县、锦江区、龙泉驿区等地先后成立一家一户分散的"农家乐"。这种城里人到郊区农村看农家景、吃农家饭、干农家活、喝农家茶、住农家屋的"农家乐"模式的乡村旅游,是我国乡村旅游最初的、也是发展最广泛的一种形式。这衍生了一批"依山傍水"的农家乐、渔家乐,带动了当地经济的发展。

现在的"农家乐"已经从原来单一以餐饮为主的形式,拓展为农家园林型、观光果园型、景区旅舍型、花园客栈型、养殖科普型、农事体验型等多种形式。

近郊的"农家乐"正好满足了周围都市人休闲的需要,但这类以观光为主体的简单形式的乡村旅游,却逐渐产生以下问题:产品以农副产品品尝、购买及观赏田园风光为主,兼及农事体验活动,游客多样性的旅游需求得不到满足;旅游活动空间不大,游客接待量有限;"农"味不浓,乡村景观特色不明显,城市化、现代化痕迹明显,核心吸引力不强;环境卫生不佳,配套设施不完善,旅游服务水平不高。

二、民俗村、古镇等多元并存阶段

随着城市居民对休闲旅游的需求越发强烈,国内乡村旅游市场日益壮大、成熟,一批带有艺术性的民俗村和颇具地域特色的古村、古镇催生了我国第二代乡村旅游。20 世纪 90 年代,从一批"北漂"艺人到北京郊区老屋搞艺术或企业改造和建设风情民俗村开始,再到江苏、浙江、安徽、上海、云南、贵州等省市对破败古村镇进行改造,发展古镇乡村旅游,中国乡村旅游继续向前发展,形成民俗村、古镇等多元并存的乡村旅游时代。

这一时期的乡村旅游呈现出以地域文化、建筑文化、民族文化、养生文化、休闲文化、果品文化和餐饮文化等为特色的民俗村,打造了多种特色的民俗体验活动、特色民俗餐饮和纪念品等。但同时也出现了大规模扩张、低水平发展的状态,一些民俗村、古镇同质化严重,缺乏特色,商业化严重,甚至有些地区出现了"大拆大建"等问题。

这些问题的产生,促使乡村旅游从量的扩张逐渐衍变到对品质的追求,对旅游素质的提升和对产品设计的高标准要求。

当不同类型的民俗村、古镇等先后出现,体验型、度假型、休闲型等多种类型的乡村旅游项目逐渐对接都市旅游消费,满足了消费者多元化的需求。

三、主客共享的乡村旅居阶段

随着乡村振兴战略的有效落实、城乡统筹的快速推进、农土入市的土地改革，乡村旅游迎来了新的发展契机。在国家及各级政府高度重视下，乡村旅游进入主客共享的乡村旅居时代。乡村旅居营造的是一种生活方式，一种有别于都市快节奏的生活氛围，一种悠闲、宁静、生态、传统的生活社区。也有人将这种生活方式解释为"入世与出世之间的空间转换"。但从旅行到旅游，从旅游到度假，再从度假到旅居，这是社会发展的结果，也是时代进步的必然趋势。

第二章　相关的概念理论和发展模式

　　乡村旅游作为一种新型的经济产业,是连接农村和城市的桥梁,是一种可持续发展的经济形式,是实现乡村振兴的重要手段。

第一节　相关概念的论述

一、乡村旅游

　　乡村旅游是以旅游度假为宗旨,以村庄野外为空间,以人文无干扰、生态无破坏、游居和野行为特色的村野旅游形式。随着乡村旅游的迅速发展,人们围绕乡村旅游提出很多原创性新概念和新理论,有效缓解了乡村旅游同质化日益严重的问题。人们通过对农村的资源进行优化整合,对产业结构进行科学调整,对农村环境进行全面整治,实现城乡共同发展。乡村旅游对于解决农村的问题有非常重要的作用。

　　乡村旅游作为连接城市和乡村的纽带,促进了社会资源和文明成果在城乡之间的共享以及财富重新分配的实现,并为地区间经济发展差异和城乡差别的逐步缩小、产业结构优化等做出很大贡献,推动开发不足的乡村地区的经济、社会、环境和文化的可持续发展。可以说,乡村旅游对于加快实现社会主义新农村建设及城乡统筹发展具有重要意义。

　　2018年10月,国家发展改革委等13个部门联合印发《促进乡村旅游发展提质升级行动方案(2018—2020)》,提出"鼓励引导社会资本参与乡村旅游发展建设",加大对乡村旅游发展的配套政策支持。乡村旅游正逐渐成为旅游行业中的"佼佼者",成为城市居民日常休闲娱乐的一大主要选择,这是乡村旅游开放发展的一条有效渠道,也是旅游业成为名副其实的国民经济战略性支柱产业的有力证据。

二、农业旅游

农业旅游是把农业与旅游业结合在一起,利用农业景观和农村空间吸引游客前来参观的一种新型农业经营形态,即以农、林、牧、副、渔等广泛的农业资源为基础开发的旅游产品,是为游客提供特色服务的旅游业的统称。根据国家旅游局 2002 年颁发的《全国工农业旅游示范点检查标准(试行)》,所谓农业旅游,是指以农业生产过程、农村风貌、农民劳动和生活场景为主要吸引物的旅游活动。

农业旅游是农事活动与旅游相结合的农业发展形式,主要是为那些不了解农业,不熟悉农村,或者回农村寻根,渴望在节假日到郊外观光、旅游、度假的城市居民服务的,其目标市场主要是城市居民。其以农村的自然风光作为旅游资源,提供必要的生活设施,让游客从事农耕、收割、采摘、垂钓、饲养等活动,享受回归自然的乐趣。农业旅游的发展,不仅可以丰富城乡人民的精神生活,优化投资环境等,还可以实现农业生态、经济和社会效益的有机统一。

农业旅游作为一项新的旅游项目,已经成为世界潮流。20 世纪 60 年代初,有些西班牙农场把自家房屋改造装修为旅馆,接待来自城市的观光度假者,这被认为是农业旅游的起源。后来,国外农业旅游又向深层次发展,旅游者不仅"看"而且"干",由过去的欣赏变为参与,真正体验农活的"原汁原味"。如一些旅行社,利用假期,组织城市游客到农村与农民共同生活、学习插秧和采茶,体验耕种和收获,共享农家乐的"插秧割稻旅行"或"采茶旅行";在收获的季节,会选出一小包稻米或茶叶给游客寄去,让大家尝一下自己的劳动果实。

三、生态旅游

生态旅游是指在一定自然地域中进行的有责任的旅游行为,为了享受和欣赏历史的和现存的自然文化景观,这种行为应该在不干扰自然地域、保护生态环境、降低旅游的负面影响以及为当地人口提供有益的社会和经济活动的情况下进行。

生态旅游是以保护生态环境为前提的可持续发展的旅游方式,其思想是要达到人与自然的和谐相处。生态旅游的目标主要包括以下几种。第一,维持旅游资源利用的可持续性;第二,保护旅游地的生物多样性;第三,给旅游地生态环境的保护提供资金;第四,增加旅游地居民的经济收益;第五,增强旅游地社区居民的生态保护意识。生态旅游兴起于工业文明的后期,由国际自然保护联盟(IUCN)特别顾问谢贝洛斯·拉斯喀瑞于 1983 年首次提出。1980 年,国际自然资源保护联盟在《世界自然资源保护大纲》中首次提出可持续发展的概念,要求把保护与发展结合起来,在发展经济满足人类需要、提高人类生活质量的同时,合理利用生物圈,使之既满足当代人的需要,又满足后代人的需求,改变了过去保护环境与发展相对立的观点。1990 年,国际生态旅游协会把生态旅游定义为在一定的自然区域中保护环境并提高当地居民福利的一种旅游行为。随着人类文明的不断发展和进步,人类生活水平和对生活质量的要求也不停地提高。追求回归自然,并以优良的生态环境为依托的复合观景、度假休闲及专项旅游,使世界的生态旅游产业市场需求不断转型升级,以森林旅游为主要形式的生态旅游业已在世界各国迅猛发展。崂山区由于大部分地区属于自然保护区,大部分农村地区开发建设受到国家政策的限制,发展生态旅游正好符合当地的实际情况。在加强生态资源保护的前提下,要科学开发当地的人文景观旅游资源,有规划地发展健康养生产业。

四、全域旅游

全域旅游是空间全景化的系统旅游,是对区域资源的全面整合,通过旅游业带动和促进区域协调发展的新理念和新模式。通过开发优势资源,使全域旅游能够更加吸引游客。这样一方面可以扩大景区的实际旅游范围,全面地帮助景区接纳游客;另一方面也可以提高当地旅游的吸引力。这不仅带动了地方的经济发展,还能够安排农村一部分劳动力就业。全域旅游的发展,真正给游客带来了一种全新的感觉,这是对乡村旅游发展理论的一次提升,是世界旅游的发展方向。

全域旅游强调把整个区域作为旅游区进行打造,把全域作为旅游发展的载体和平台,使旅游成为常态化生活方式,从全要素、全行业、全过程、全方位、全时空等角度推进旅游产业发展。全域旅游是旅游产业的全景化、全覆盖,是资源优化、空间有序、产品丰富、产业发达的科学的系统旅游。其要求全社会参与、全民参与旅游业,通过消除城乡二元结构,实现城乡一体化,全面推动产业建设和经济提升,是以旅游发展带动区域经济发展和美丽乡村建设的一套有效模式和方法。

2018年3月,国务院办公厅印发《关于促进全域旅游发展的指导意见》,就加快推动旅游业转型升级、提质增效,全面优化旅游发展环境,走全域旅游发展的新路子做出部署。2019年,崂山区借上合峰会与青岛香山旅游峰会的契机,启动全域旅游智慧管理平台建设,区旅游发展委员会邀请"一部手机游云南"原班研发人马,共同推进崂山全域数字文旅建设,打造崂山全域旅游智慧平台,将数字经济与旅游大数据相结合,打造了基于全域的旅游大数据平台。崂山区高度重视旅游业发展,把发展旅游业作为强区之本、富民之基,坚持"全域皆景区"理念,推动旅游业从景点旅游向全域旅游转变、从高速增长向优质发展转变、从观光旅游向休闲度假转变,构建"景城乡一体、山海空联动"全面立体发展格局。

第二节　相关理论

一、区域协调理论

区域协调理论指整个区域形成一个相互协作、可持续发展的有机整体,从而达到最佳效益和发展状态。该理论要求政府、企业、群众之间要相互扶持,相互合作发展,相互联动,优势互补,最后带动整个区域发展。

对于国内而言,推动区域协调发展是构建高质量发展国土空间布局的客观需要,是解决发展不平衡问题的内在要求,是构建新发展格局的重要途径。

党的十八大以来,以习近平同志为核心的党中央高度重视区域协调发展,提出了京津冀协同发展、长江经济带发展、粤港澳大湾区建设、长三角一体化发展等新的区域发展战略,编制了黄河流域生态保护和高质量发展规划纲要,推动区域协调发展呈现良好态势。

二、可持续发展理论

可持续发展理论指既满足当代人的需求又不危害后代人满足其需求的发展。实现可持续发展就是坚持人与自然之间的协调,对区域乡村产业振兴具有重要的意义。1987 年,以挪威首相布伦特兰为主席的联合国世界与环境发展委员会发表了一份报告《我们共同的未来》,正式提出可持续发展概念,并以此为主题对人类共同关心的环境与发展问题进行了全面论述,受到世界各国政府组织和舆论的极大重视,在 1992 年联合国环境与发展大会上可持续发展要领得到与会者的共识。

可持续发展涉及可持续经济、可持续生态和可持续社会三方面的协调统一,要求人类在发展中讲究经济效率、关注生态和谐和追求社会公平,最终达到人的全面发展。可持续发展观认为,世界各国的发展阶段和发展目标可以不同,但发展的本质应当包括改善人类生活质量,提高人类健康水平,创造一个保障人类平等、自由、接受教育和免受暴力的社会环境。这就是说,在人类可持续发展系统中,经济发展是基础,自然生态(环境)保护是条件,社会进步才是目的。而这三者又是一个相互影响的综合体,只要社会在每一个时间段内都能保持与经济、资源和环境的协调,这个社会就符合可持续发展的要求。显然,在 21 世纪里,人类共同追求的目标,是以人为本的自然—经济—社会复合系统的持续、稳定、健康的发展。

旅游的可持续发展是以保护环境、生态系统为前提的。把可持续发展理论应用于旅游开发,从内在来看是旅游系统的承载能力要大于生态环境压力和社会压力,从外在看则是旅游系统的稳定性、增长连续性和竞争公平性。

三、利益相关者理论

利益相关者理论是指企业的经营管理者为综合平衡各个利益相关者的利益要求而进行的管理活动。与传统的股东至上主义相比较,该理论认为任何一个公司的发展都离不开各利益相关者的投入或参与,企业追求的是利益相关者的整体利益,而不仅仅是某些主体的利益。

利益相关者理论是20世纪60年代在西方国家逐步发展起来的,20世纪80年代以后其影响迅速扩大,其基本思想源于1759年亚当·史密斯的《道德情感论》。该理论应用在旅游中是一种非常有意义的科学尝试。乡村旅游的可持续发展需要妥善协调政府、农户、企业、社区等利益相关者的行为,充分发挥各相关者在参与乡村旅游过程中的积极性和各自的作用,认真协调彼此之间的矛盾,从而达到各方所需要的目标。通过该理论指导全域乡村旅游发展,要求对全域资源进行充分整合,实现全域旅游发展。

四、体验经济理论

体验经济是服务经济的延伸,是继农业经济、工业经济和服务经济之后的第四类经济类型,强调顾客的感受性满足,重视消费行为发生时顾客的心理体验。体验经济理论是美国经济学家派恩二世、吉尔摩在《体验经济》一书中提出的。企业从生活与情境出发,塑造感官体验及思维认同,创造值得消费者回忆的活动,提供让消费者身在其中并且难以忘怀的体验。体验经济具有非生产性、短周期性、互动性、不可替代性、映像性、高增进性等基本特征。

五、旅游景点突出论

在乡村旅游的发展中,应重点发展旅游景点,突出其特色。在发展乡村旅游景点时,应处理好景点的布局问题,要把地理位置优越、旅游资源突出、当地经济发展水平高的旅游地区当作重点旅游景点来开发,以此来带动其他旅游地的发展。

六、旅游地生命周期理论

加拿大学者巴特勒(1980)曾经说过,每个旅游点的发展都会经历探索、参与、发展、巩固、衰落、复苏六个阶段的循环。旅游地的发展由开始的探索阶段到衰落、复苏阶段,游客人数相应地由少到多再由多到少。但是,当旅游点处于衰落阶段时,如果加入新的有特色的旅游项目,则有可能会再次吸引游客,从而实现景点的复苏,该景点又开始了六个阶段的循环。

第三节 我国乡村旅游的开发模式

一、景区依托型

景区依托型乡村旅游发展模式,是在乡村自身发展需求和核心景区休闲化发展需求的共同推动下,景区周边乡村探索出来的旅游发展模式。风景名胜区优美的自然景观和厚重的历史层次,加上周边恬淡的田园风情,实现了乡村和景区的携手共赢,带动了区域的大旅游发展。景区周边乡村与景区本身存在着千丝万缕的联系,在文脉、地脉以及社会经济等方面具有地域一致性,为乡村旅游发展提供了文化土壤。而乡村经历了景区开发、发展历程,易形成较强的旅游服务意识,为旅游发展提供了相对较好的民众基础。同时,发展景区依托型乡村旅游,既有乡村自身经济发展的主观需要,也有景区开放化、休闲化的客观需要。近年来,我国"黄金周"的景区拥堵现象,充分暴露出封闭型景区的弊端,景区与周边区域配套发展成为必然趋势。北京十渡充分利用景区的游客资源,重点发展民宿文化旅游业,取得了很好的成绩。许多家农家餐馆在民宿业的影响和带动下,经营得非常好。北京十渡已经成为全国闻名的特色小镇。

二、城市依托型

城市依托型乡村旅游发展模式,依托地理上靠近城市的优势,在城市郊区发展乡村旅游业,带动周边产业发展和项目升级。充分利用乡村的山水景色、民俗文化、具有乡村特色的餐饮等因素吸引城市的游客到郊区参观旅游、度假。这种形式的旅游主要是针对到郊区过周末的城市居民。他们工作了一周,需要在周末放松休息,到了周一又要投入紧张的工作中,城市压抑的环境满足不了他们,个人的现实情况也决定了他们不会出门远行,只能选择就近的郊区。例如,北京蟹岛发展休闲旅游观光农业,深受市民喜欢。

城市依托型小镇多位于交通便利的大中型城市周边,距城市一小时左右车程,可辐射大量有较强消费力的都市客群。该类小镇一般自身存在较好或有特色的本地文化,可以特色文化为基底,导入符合城市居民偏好的时尚休闲、品质度假、家庭游乐等业态,打造文化型城郊休闲旅游目的地。城市依托型小镇大多借势周边城市的发展,同时还需要与城市间有适当的交通距离和便利的交通条件。由此,小镇发展才可以凭借良好的区位优势发挥对城市人群的吸引作用。因此,小镇客源大多以周边大中城市客群(一小时交通圈内)为主,平日则以本地居民为主,淡旺季均有保障。

三、产业带动型

产业带动型乡村旅游发展模式,通过产业融合带动结构调整,可实现乡村旅游边际效益提升,推动产业链条延伸,实现产业增值发展,其意义重大、功效众多。一是有利于促进消费升级。简单、初级"农家乐"型的乡村旅游发展模式已无法满足消费者多样化、个性化、品质化的需求;体验度、定制化、情感性成为衡量乡村旅游产品竞争力和吸引力的重要标志。二是有利于形成竞争优势。通过横向联合、优化整合,推动乡村旅游经营企业资源、信息、资金等要素之间相互融合,利于实现协同发展、持续发展。三是有利于优化产业结构。通过与现代农业、地域文化、生态保护、健康养生等相结合,可形成集农业观光、乡村休闲、绿色度假等于一体的乡村旅游发展模式,不断拓展发展空间,实现经济、社会和生态效益的有机统一。四是有利于推动智慧发展。智能化与乡村旅游的融合发展,不仅增强了旅游产品的吸引力与体验性,拓展了乡村旅游体验的深度,也方便了游客,提升了服务效能,催生了线上旅游新业态和新产品。江记农庄依托自身独特的资源——高粱,发展农旅文化产业,实现三产融合发展。

四、历史文化依托型

历史文化依托型乡村旅游发展模式,主要围绕古村古镇来展开,通过充分利用其人文历史文化资源,发展相关的旅游产业。

古村古镇旅游是当前国内旅游开发的一个热点,也是乡村旅游体系中一个比较独特的存在,因其深厚的文化底蕴、淳朴的民风和古香古色的建筑遗迹等特点受到游客的喜爱。但是旅游开发中,保护环境与开发之间的矛盾、传承与商业化的博弈等,也给景区发展带来了诸多限制。因此,古村古镇旅游要实现高效、可持续发展,需要探索出一条既最大限度保持历史文化面貌,又能弘扬传统文化,充分发挥旅游经济效益的发展模式。目前,我国的古村古镇群主要分为太湖流域的水乡古镇群、皖南古村落群、川黔渝交界古村镇群、晋中南古村镇群、粤中古村镇群等,类型涵盖了乡土民俗型、传统文化型、革命历史型、民族特色型、商贸交通型等,基本上反映了不同地域历史文化村镇的传统风貌。随着人民生活水平的提高,"寻找失去的家园"成为一种旅游时尚,我国现存古村古镇的巨大价值得以通过市场继续体现,成了拉动经济发展的重要旅游资源。

浙江省乌镇历史悠久。该地区充分发挥当地人文历史资源优势、保护区域内的古建筑等,充分展示该地区的水乡风光,现在已经发展成全国闻名的旅游景区。

五、休闲度假依托型

休闲度假依托型乡村旅游依托乡村的自然景观等资源进行发展。其依托优美的乡野风景、独特的地热温泉、山水生态的绿色空间,结合周围的田园景观和民俗文化,为游客提供休憩、度假、娱乐、餐饮、健身等服务,主要形式有休闲度假村、休闲农庄和乡村酒店等。江苏华西村即采用这种模式。

六、民俗依托型

民俗依托型乡村旅游是一种高层次的文化旅游,主要依靠物质风俗、社会组织风俗、节庆风俗、人生仪礼和精神文化民俗五部分,由于它满足了游客"求新、求异、求知"的心理需求,已经成为旅游开发的重要内容之一。其以农村风土人情、民俗文化为旅游吸引物,开展旅游活动,增加乡村旅游文化内涵。陕西省礼泉县的袁家村于2007年迈出了关键性的一步,开始发展旅游业,该村充分发掘关中民俗和农家乐,目前旅游收入已经过亿元。

民俗依托型乡村旅游具有文化的原生性、参与性、质朴性及浓郁的民俗风情的特点,独具一格的民族民俗、建筑风格、饮食习惯、服饰特色、农业景观和农事活动等,都为民俗旅游提供了很大的发展空间。我国民俗旅游开发资源丰富,特点鲜明,区域性和民族个性较强,发展优势明显。同时,由于投资少、见效快,其逐渐成为少数民族聚集区经济发展中新的增长点和旅游亮点,得到当地政府的大力支持,也受到国内外旅游者的推崇。但随着民俗旅游的蓬勃发展,民俗文化在旅游当中受到了冲击,甚至消亡。面对民俗文化保护和旅游开发的矛盾,面对当地居民与旅游经济的博弈,民俗依托型乡村旅游未来应该如何发展?如何实现利益共享,寻找发展平衡点对于推动我国乡村旅游发展具有积极的实践意义。

七、科普及教育依托型

利用农业观光园、科技生态园等场所为游客提供增长农业知识的旅游活动是乡村旅游的发展方向。这种发展模式迎合了消费者学习的动机,在旅游的过程中获取农业、生态科技等知识是现当代望子成龙的家长们共同的心愿。位于海南省的兴隆热带植物园,是一家具有科研观光等功能的热带植物园,每年吸引众多游客前来参观。

第四节　国外乡村旅游的开发模式

一、休闲观光农业型

休闲观光农业又称"休闲农业""观光农业""农村旅游"等,是将农业和旅游业结合在一起,利用田园景观和农业生产经营活动吸引旅游者前往观赏、品尝、劳作、休闲、度假的一种新型农业生产经营方式。休闲观光农业具有观赏性、娱乐性、参与性、文化性和市场性等特征,并具有经济、社会、教育、环保、游憩、医疗和文化传承等方面的功能。

美国、日本等国的观光休闲农业很适合欧美发达国家旅游者的要求。在城市近郊或风景区附近开辟特色果园、菜园、茶园、花圃等,让游客入内摘果、拔菜、采茶、赏花,享受田园乐趣。这是国外观光农业最普遍的一种形式,旅游者和农民同吃同住、共同劳动、共同参加特色项目。

二、乡村民俗文化型

乡村民俗文化型乡村旅游发展模式以乡村民俗、乡村民族风情以及传统民族文化为主题,将乡村旅游与文化旅游紧密结合。游客们寻找乡村的历史文化和风俗,在精神方面得到充分的享受。匈牙利在这方面的旅游业项目发展得很好。作为乡村文化旅游的典范,匈牙利不断创新乡村文化旅游产品,让游客在领略田园风光的同时,在乡村野店、山歌牧笛、乡间野味中感受丰富多彩的民俗风情。

三、农业旅游型

农业旅游型乡村旅游发展模式以旅游带动农业,使农业和旅游业相互促进。农业旅游是现代农业与旅游活动相结合的新型旅游形式,已成为农业产业升级和旅游经济发展的重要组成部分。经历了19世纪30年代的萌芽期、20世纪中期的发展期,20世纪80年代后步入发展成熟期,农业旅游已具相当规模。美国、法国、德国、日本、新加坡、澳大利亚等发达国家及印度尼西亚、马来西亚等发展中国家的农业旅游发展非常迅速,农业旅游收入占国内旅游收入的比重逐步提升。历史发展和实践经验证明,农业旅游对于缩小城乡差距、解决农民就地安置、提高农民收入、促进低碳农业发展、改善生态环境有明显成效。法国目前做得较好,通过农业合作社的联合发展,吸引国内外游客来观光农业,达到为农民增收的目的。

四、生态乡村旅游型

生态旅游在国际上普遍采用了法制化管理,国际上也比较注意建立生态旅游的发展计划和战略措施。生态旅游发展比较成熟的国家,一般都很重视当地人的利益,比如肯尼亚在生态旅游的推进中提出了"野生动物发展与利益分享计划",不仅发展了旅游业,保护了当地珍稀动物,还照顾了当地人民的利益,让他们能够主动地支持生态旅游建设。而菲律宾则是改变了他们传统的捕鱼方式,一方面促进了旅游业的发展,另一方面也让当地人民从另一个渠道获得了补偿收入。生态旅游和农业旅游相结合,生态农业旅游具有代表性的国家是波兰。波兰通过组织农民发展农业生态园的形式,扩大生态旅游区域,发展乡村旅游。位于中美洲的伯利兹是生态旅游目的地之一,它得天独厚的自然环境吸引着各国游客的到来。目前,伯利兹大约36%的陆地和13%的水域处于受保护状态,包括其极为重要的珊瑚礁系统。

第三章 乡村旅游对地区经济发展的推动

　　乡村旅游是农村地区经济发展的新动能,对于农村地区经济发展起着重要的推动作用。

第一节　乡村旅游发展对于农村地区经济发展的意义

一、实现农业与其他产业融合,有效地扩大农村地区的产业规模

　　乡村旅游的发展,是实现农业与第二、第三产业深度融合,促进农业现代化发展以及实现乡村振兴的有效途径,有利于乡村振兴实业的发展。丰富的旅游资源是发展旅游产业的基础,特别是对发展乡村旅游产业来说,在对这些资源进行深入调研,充分考虑当地实际的基础上,对乡村旅游的产业结构进行了优化和调整,对农业功能的拓宽,对农业产业链的延长都产生了积极作用。当前全国各地对于乡村旅游工作的支持力度很大,乡村旅游已经成为农村产业的一个新亮点。目前,乡村旅游已经从零星分布向集群分布转变,空间布局从城市郊区和景区向更多适宜发展的区域拓展,农村产业规模进一步扩大。

二、有效加速农村基础设施的完善

　　农村基础设施建设是农村发展经济的基础,具体包括农业生产性基础设施、农村生活基础设施、农村社会发展基础设施等。乡村旅游的发展,有效地

完善了农村通信网络、道路、水电、医疗等基础设施的建设。

三、提升乡村环境的有效保护

乡村旅游地覆盖在城市生活圈周围，是当今人民大众放松休闲度假的重要方式之一。这就对旅游地的本身的环境卫生及景观的整洁提出了更高的要求，这将大大推动农村居民从思想上认识到改善乡村卫生条件、卫生环境对于乡村旅游产业的重要性；认识到农村村容的改变、村庄整体建设的发展对于乡村旅游产业的重要性。不仅如此，发展乡村旅游对于资源环境的保护、对于乡村发展的科学规划和基础设施的建设都有不同程度的积极作用。

四、有效地加快农业集约化发展

乡村旅游项目的打造将有效地促进农业的集约化发展。例如，当前农村地区普遍进行的果蔬采摘园建设，就是将原本分散的农村家庭承包土地通过流转进行整合，然后再进行综合开发。

五、吸引更多的人才到农村地区创业

当前，农业人口流失非常严重，直接导致了大片的农村土地荒芜，造成自然资源的浪费。发展乡村旅游业不仅盘活了这些闲置的资源，而且为农村创造了更多的就业机会，提高了农村劳动力的素质，吸引了更多的资金流向农村，更多的人才到农村创业，改变了以往农村荒凉的景象。

六、拉动农村地区经济发展的有效途径

休闲农业和乡村旅游已经成为增加农民收入，促进农村地区经济发展的有效途径。通过发展休闲农业、有利于带动农村地区餐饮住宿、农产品加工、交通运输、建筑和文化等关联产业发展。通过乡村旅游，可以将乡村的产品变成礼品，增加农民的经营性收入，可以将农民的房子变为民宿，增加农民的财产性收入。休闲农业和乡村旅游能够将农村变成景区，保障农民的收入持续增长，实现农民在本地就业的目标，促进当地产业的融合发展。

第二节 乡村旅游推动地区经济发展的案例

一、国内案例

(一)浙江省德清县乡村旅游发展

近年来,德清坚持绿水青山就是金山银山的理念,围绕培育"原生态养生、国际化休闲"旅游新业态,发挥生态优势,探索低碳环保的旅游经济发展方式,积极打造"洋家乐"高端旅游品牌,加快推进民宿产业集聚发展、持续健康发展,全力打造乡村旅游"升级版",形成美丽乡村向美丽经济成功转变的良好发展局面,探索践行以乡村旅游推动乡村振兴之路。

从 2007 年德清第一家"洋家乐"裸心—乡诞生,率先出台了《德清县民宿管理办法(试行)》,发布了全国首部县级乡村民宿地方标准规范《乡村民宿服务等级划分与评定》,德清"洋家乐"成为全国首个服务类原产地保护产品。以"洋家乐"为特色的德清乡村旅游已成为德清鲜亮的"金名片"。

实现乡村旅游规模化。截至 2021 年,全县拥有星级饭店 7 家,民宿 800余家,旅行社 27 家,可提供床位 13000 余张,餐位 3000 余席,劳动就业 6000余人,达到了规范化、集聚化发展,在"2021 中国县城旅游综合竞争力百强市"排行榜上位列第 16 位。2021 年,德清乡村旅游接待游客 2390 万人次;实现旅游业总收入 356.66 亿元。

实现乡村民宿特色化。德清"洋家乐"有四大特色:一是设计体现特异性风格,每个民宿各有各的设计风格,各有各的休闲特色;二是个性化品质服务,德清民宿提供管家式、一站式、个性化的高品质服务;三是体现地域性风情,能充分挖掘本地自然环境和人文风情优势,满足消费群体的个性需求;四是体现高端消费市场,德清民宿的主要客源为跨国公司高层和都市白领等高端消费者,他们注重旅游过程的新鲜感、体验性和高品质。德清的民宿符合他们的需求,好评率超 90%。

实现县域打造景区化。德清坚持高起点定位,把旅游业作为县域经济转型的引领产业,站在全省、全国旅游发展的大格局中,站在全县经济社会统筹发展的大格局中谋划旅游发展。进行了旅游规划编制,加快推进"县域大景区"建设,打造全域旅游示范县。围绕武康城区、下渚湖湿地风景区和莫干山国际旅游度假区三个平台不断推动"大、好、高"项目建设。联动莫干山、下渚湖、新市古镇三大景区板块,积极推进莫干山旅游集散中心、裸心堡、Discovery 探索极限基地等项目建设,促进山上、山下和东部、西部联动发展,逐步形成县域大景区。

实现产业发展富民化。德清旅游产业发展为富民增收发挥了积极作用。一是为农民增加租金等财产性收入。民宿改造旧民房已从前几年的每幢每年 1 万元—2 万元普涨到每幢每年 3 万元—5 万元。同时还可带来土地、林地流转等可观的租金收入。二是为农民增加工资性收入。现在很多环莫干山一带的村民已实现家门口就业,每天在民宿固定上下班,平均月收入 3000 多元。三是为农民增加以农产品销售为主的经营性收入。民宿业主会收购附近村民种植的蔬菜、食材,用来销售制作菜肴、酿造果酒。旅游产业在为当地百姓增收的同时,也为各类人才提供了施展才华、发挥作用的舞台,为"大众创业、万众创新"提供了众创空间,通过注重本土专业人才培养和现有经营管理人员素质提升,培育了一批既懂管理又懂营销的经营户,一批"既会讲方言又会讲外语、既会做德清菜又会做西餐"的复合型服务专业人才。与此同时,一批规划设计、健康养生、文化创意、新型金融等领域的高端人才也开始向这些区域聚集。

在"洋家乐"的发展历程中,德清以理念引领、规划导航、服务护航,全力推动扶持"洋家乐"的发展。

用先进的理念为乡村民宿产业发展定位。一是把生态保护作为乡村民宿发展的前提。德清于 2005 年开始实施西部山区生态补偿机制,至今累计投入 8000 多万元,用于关闭、搬迁原有工业企业,有效保护了县西部环莫干山区域的青山绿水。近年来,又结合"五水共治""三改一拆""四边三化""和美家园"建设等工作,先后对环莫干山区域内的笋厂、氟石矿、竹拉丝等企业开展专项整治,对该区域生猪养殖一律实行关停禁养,生态环境面貌得到了明显改善。良好的生态环境吸引了来自南非、英国、法国等地的投资者来德清投资兴业。二是把高端度假作为乡村民宿发展的方向。传统的乡村民宿一直都是以农民利用自有闲置住房经营的农家乐为主导。德清精品民宿的发展由南非人高天成创办首家"洋家乐"开始,法国、英国、比利时、丹麦、韩国等国投资者相继而来,上海、杭州等大都市的设计师、自由职业者、企业主,返乡的本地青年也在德清西部山区经营着有创意和特色的民宿。高层次的投资者、经营者带来了民宿的高起点定位,国际高端服务管理经验,生态绿色建设标准和高端消费者,引领了高端度假风尚。三是把低碳环保作为乡村民宿发展的文化灵魂。德清"洋家乐"项目的生态环保体现在设计建造和经营消费两个环节。譬如建造方面,大部分"洋家乐"租用村民闲置旧房进行改造,在个性化设计的同时保留"乡村味",改造用材全部就地取用、变废为新,采用标准化排污系统,确保不破坏当地自然环境。譬如生态消费方面,德清"洋家乐"倡导低碳环保消费观念,要求消费者节约用水、用电,禁止室内抽烟,鼓励公共交通出行,切实保护生态环境。

用科学的规划为乡村民宿产业导航。一是立足远期目标,制订产业发展规划。编制民宿旅游项目专项规划,按照高端、生态、精致、特色的休闲度假发展方向,明确产业发展定位、空间、时序,形成可持续发展格局。二是立足民宿品质,完善项目评估机制。制订高端民宿产业的准入门槛,在招商引资中,不仅考量客商经济实力,更关注其品位理念和资源掌控能力、项目运营能力,确保把有限的旅游资源配置给最好的项目和最有理念的企业。三是立足连线成片,健全基础设施配套。推进环莫干山异域风情观光线和莫干山国际休闲旅游度假区建设。通过建设户外运动体验中心、慢生活示范区、环西部山区自行车绿道等一批具有鲜明特征的旅游配套项目,打造旅游咨询公共网站、旅游咨询中心,完善公路交通网络和道路标识系统,合理规划设置停车场,提升西部山区交通容量及安全系数等,积极实现民宿小景点向生态大景区的转变。

用精准的服务为乡村民宿护航。一是把产品宣传出去。德清县积极统筹乡村民宿宣传营销力量,通过整体包装"想裸心、到德清"的旅游品牌,整合品牌、景区、资金、人员、载体等各种资源,深化"节庆活动＋新闻媒体＋市场营销"的立体化策略,利用微博、微信以及电视、广播、报纸等宣传乡村民宿,吸引广大游客,使德清乡村民宿产业享誉全国、闻名世界。二是把产业规范起来。针对传统民宿存在消防、治安、环保、卫生和监督管理上的不规范问题，扎实推进民宿规范提升工程。组建政府监管和"洋家乐"行业协会自律相结合的行业管理架构。县成立民宿发展协调领导小组，乡镇成立民宿管理办公室，加强对项目审批、建设的指导和服务，强化民宿消防、公安、环保、卫生等基本标准的审核和监管，建立"一户一档"，实行动态管理。三是让产能壮大起来。通过积极引导西部山区各行政村充分整合盘活旧村委、旧厂房、旧校舍等闲置资产，推进有条件的旧房改建民宿，为乡村民宿的蓬勃发展腾出了空间，为乡村旅游的产能壮大创造了条件。

（二）黑龙江省垦区绥滨农场乡村旅游发展

近年来，黑龙江垦区绥滨农场在推动乡村旅游建设中，注重通过旅游发展动能，激活现代化大农业、地域文化的优势，打造了以"农旅结合为支点、旅游经济为牵动、绿色发展为方向"的"旅游+"新型发展模式。绥滨农场2017年被国家原农业部评为中国美丽休闲乡村，2014年被评为国家3A级现代农业观光旅游景区，建有九大景点，年接待游客突破50万人次，带动职工群众增收4500多万元。

1. 探索"旅游+"新型模式，彰显农场资源优势

（1）强化"旅游+体验"功能，提档升级现代农业进程。

绥滨农场是"全国粮食生产先进场""全国青少年农业科普示范基地""国家级农业标准化示范场""国家级生态乡镇"。有"龙江第一渠"之美誉的绥滨黑龙江灌区、25千米长的现代农业科技观光示范带、占地3000亩的省级苗木繁育基地、占地7000平方米的"龙之府"温室植物园，2018年还建设了2400余亩的油菜花、七彩花海等花卉观赏基地，建设了宽3米、长1006米的花海木栈道。同时，还增加了农业科普、农耕体验项目，以此展示和促进现代化大农业的发展。

（2）发挥"旅游+服务"优势，提档升级景区承载能力。

绥滨农场全境是国家3A级旅游景区，建有"一龙、一江、一园、一岛、一渠、一带、一山、一湖、一馆"九大旅游景点，酒文化体验馆，龙泽苑休闲度假山庄,露天水上乐园,真人 CS 基地,七彩花海等,同时农场餐饮、住宿、物流业发展迅速,接待服务显著提升。

（3）挖掘"旅游＋文化"内涵,提档升级文化氛围。

绥滨农场始建于 1948 年,拥有军旅文化、垦荒文化、知青文化和历史悠久的辽金文化,这些融合发展成独具魅力的龙门福地文化。

（4）打造"旅游＋品牌"格局,提档升级品牌意识。

通过旅游产业的不断升级,龙门福地文化和龙门福地商业品牌的影响力不断扩大。在品牌效应的带动下,中小企业和职工群众的商标意识不断增强。目前,农场已经注册了"龙门福地"商标 7 类 56 项,成立了龙门福地酒业、龙门福地旅游服务中心、龙门福地养殖合作社、龙门福地婚庆公司、龙门粮食仓储中心等 24 家企业。农场 12 个管理区,每个管理区都有 2 个以上特色产品,拥有各具特色的包装,建立起完善的销售链条。2018 年,有 120 余户种植户由销售原粮转型为销售龙门福地业精品大米。龙门福地酒业集团实施人才品牌战略,高薪聘请了在全国 36 名品酒师中排名第 3 位的侯晓波担任集团总经理,在日趋火爆的销售进程中,进一步扩大了品牌的影响力。农场第 20 作业区的职工闫桂霞自家种植山葡萄,每年酿造 500 余斤葡萄酒,销售困难。如今,她注册的"闫大姐"牌葡萄酒,每年生产 2000 多斤,仅春节期间两个月的时间便销售一空,效益 3 万余元。职工张化龙种植的有机大米,施农家肥、灌龙江水,大米口感香甜绵软,以每千克 20 元的价格出售,产品远销到浙江、四川等地,不到两个月的时间,便销售一空,销售额近 14 万元。2018 年农场优质稻订单种植面积突破 6 万亩,延长了农业产业链,增加了种植户的收入。龙门福地"邵记"烤鹅店所用原料均为两年生笨鹅,优质的原料和独特的品位深受游客青睐,销售量从原来每天销售 20 只左右猛增到现在的每天 70 只以上,每年消耗大鹅 2 万多只。

2. 从"以旅强农,农旅融合"的产业反哺入手,进行产业布局、创新经营

（1）涌现出一批特色鲜明的庄园。

以钓鱼为特色的三鑫养殖度假山庄、兴旺水产养殖基地、渔乐钓鱼园,以野猪为特色的龙门福地野猪苑,以散养鸡、大鹅为特色的火凤凰养殖基地,以鸭稻、蟹稻为特色的王梁农家园,以果蔬采摘为特色的闫桂霞采摘园、龙门福地采摘园等,一批特色鲜明的庄园已经悄然兴起,年经济效益突破 500 万元。

(2)开辟工业旅游的体验领域。

农场的龙门福地酒业集团打造"中国白酒体验式第一酒庄",投资 300 万元建立了总面积 4000 平方米的龙门福地白酒文化体验馆,创新开展"基酒封坛"和"酒庄体验"两大特色体验旅游项目,让游客在酒庄内"看着酿,放心喝",以此促进了生产扩大经营,年产值突破 2000 万元。2017 年,龙门福地酒业集团生产的龙香型白酒荣获布鲁塞尔国际烈性酒大赛银奖,从而扩大了企业和品牌影响力。

(3)催生休闲避暑的健康模式。

为满足游客需求,农场利用"龙泽苑"休闲度假山庄和龙门福地养老中心,定位发展"候鸟式"养老、旅居养老产业。龙泽苑拥有 16 套日租房,每到夏季供不应求,同时小区还增设了音乐室、乒乓球室、书画创意室等活动场所,全面完善了山庄服务功能,成为知青、艺术家、"候鸟式"老人旅居休闲养生养老的首选。到目前为止,农场已接待知青回访游客、休闲避暑、旅居养老游客超过 3000 人。

3. 强化旅游文化活动引力,聚集人气,提升名气,扩大品牌影响力

(1)丰富文化活动。

积极协办、承办、举办各级体育赛事、群体文化活动和旅游文化节。2018 年"开耕节"就吸引场内外游客近 3 万人,当日个体商户零售收入超过 300 万元。"提水节"与宝泉岭管理局联合举办,节庆内容更加丰富新颖,吸引了近 3 万人参加。

(2)带动社会参与。

在旅游文化产业发展中,农场注重激发场内外社会组织活力,结合"善治绥滨"建设,建立出租车协会、餐饮协会等 30 个协会组织,强化了旅游相关产业整体服务水平,吸引了周边市县户外协会、驴友协会、露营协会、轮滑协会、徒步协会等大型社会团体的积极参与。如2018年举办的第五届"开耕节"、第六届"提水节"都是由龙门福地企业家协会积极协办，组织文化演出队，开展精彩的民俗文化活动。

（3）注重舆论宣介。

新华社《人民日报》、央视《美丽中国》、黑龙江卫视、《黑龙江日报》等国家、省内主流媒体，都大篇幅、多角度地宣传推介了农场旅游。同时，绥滨农场还积极参加国内各类文化旅游展览会，推介农场文化旅游产品，参加北京旅游推荐会、厦门海峡两岸旅游年会、长沙旅游媒体联盟宣介会和哈尔滨中俄贸易博览会等。同时，绥滨农场的宣传还走进北京，主动与中国旅游报社开展合作，农场被确立为《中国旅游报》读者基地。

如今，绥滨农场的中国美丽乡村旅游是黑龙江垦区引领农旅融合发展的一张亮丽的旅游名片。但建设永远在路上，绥滨农场将向先进地市学习，努力开创乡村旅游产业发展的新格局。

二、国外案例

根据2019年10月14日新华社新媒体出版报道，西班牙南部安达卢西亚加迪斯山脉的格拉萨雷玛村家家户户将墙壁粉刷成白色，房顶铺红瓦，在绿色的林海中如同一叶小舟，吸引了来自世界各地的游客。

在推陈出新、谋求发展的同时，这些小镇也用对历史和传统生活的尊重来留住"乡愁"，坚守精神家园。无论是村庄里静静矗立数百年的教堂、修道院，还是历经风雨的石板路、爬满藤蔓的老围墙，或者供村民采购晚餐食材的果蔬店和肉店、可以晒太阳看报的酒馆和咖啡馆，乃至山间的徒步小路和标识、随处可见的建筑历史介绍，无一不传递着一种价值观——乡村发展首先应该尊重当地村民、尊重当地历史文化，才能让外地游客也获得更好的旅行体验。哪怕是格拉萨雷玛村要求所有房子粉刷白墙，也是基于这里几个世纪以来的居住文化传统。

而另一方面，随着社会发展，西班牙山村旅游也针对市场推出更多精细化的分类服务，以吸引不同的消费群体，如为户外运动爱好者提供滑雪、攀岩、山地车、滑翔伞等运动项目，为老年人群体提供休闲度假之旅、绿色有机食品之旅等，为购买力强的消费者提供酒庄、温泉奢华游，以及为自驾爱好者提供房车营地等。作为一个重视旅游业的国家，西班牙有各种针对农村旅游的推广活动，如评选西班牙最美的 100 个乡村活动，在各类旅游展会上推介农村游路线，鼓励旅行社开发乡村游旅行团等。

据西班牙国家统计局数据，2008 年至 2018 年，西班牙乡村旅店接待本国游客从每年 236.1 万人次增加到 337.8 万人次，接待外国游客从每年 26.2 万人次增加到 87.3 万人次。在可以预见的未来，乡村旅游将继续在西班牙农村发展中起到至关重要的作用。

第四章 崂山区乡村旅游对地区经济发展的推动

第一节 崂山区的自然资源

崂山区是山东省青岛市辖区,位于山东半岛南部,青岛市东南隅,黄海之滨。东、南濒黄海,西邻青岛市市南区、市北区,西北邻李沧区,北邻青岛市城阳区和即墨区。辖区陆域面积395.79平方千米,海域面积3700平方千米,海岸线长103.7千米。辖5个街道,金家岭街道、中韩街道、沙子口街道、王哥庄街道、北宅街道,163个社区。截至2020年11月1日零时,崂山区常住人口502370人。崂山区气候四季分明,特征突出,年平均地面温度14.2℃—15.0℃。崂山区境内河流共18条,均为季风区雨源型季节性河流。

第二节 崂山区的人文旅游资源

崂山区共有44处文物保护单位,其中省级文物保护单位3处、市级文物保护单位2处、区级文物保护单位39处。崂山区非物质文化遗产种类较多,独具特色。主要有民间文学、民间音乐、民间舞蹈、传统体育与竞技、传统工艺、民俗活动等。其中,省级非物质文化遗产2个,市级2个,区级8个。崂山民间故事丰富,乡土大众文化和山海文化相融,世俗文化与宗教文化交汇,具有较高的文化价值、历史价值和学术研究价值。2000年,崂山区被评为中国民间艺术之乡。

崂山道教文化闻名于世,保存着大量的道教经典,有着具有胶东特色的道教音乐。从功能和韵律风格上可分课韵、功韵、咒韵、庆韵、祭韵、逸韵 6 类。崂山道教始于汉唐，盛于宋、元、明、清不衰，曾有"九宫八观七十二庵"之说，被称为"道教全真天下第二丛林"。著名道士刘若拙、邱处机、张三丰、徐复阳、刘志坚等都曾在崂山修道。崂山还保存着大量的道教经典和道教音乐；还是中华武术螳螂拳的发源地。同时，崂山还是佛教圣地，被僧侣们称为"世界第二窟"的那罗延窟就坐落于此。著名的佛寺古刹有法海寺、崇佛寺、潮海院、海印寺、华严寺等。

崂山区具有丰富的人文、旅游资源。其自然景点和人文历史景点多达几百处。其中崂山风景区是闻名全国的 5A 级景区。区域内的巨峰、流清、太清等游览区吸引了海内外游客前来参观。崂山是著名的道教名山，区域内道观很多，尤其以太清宫、上清宫、太平宫、华楼宫最为出名。区域内还有多家寺院，比较著名的有华严寺、法海寺等。根据 2020 年崂山区国民经济和经济发展统计公报。截至 2020 年，崂山区拥有 5A 级景区 1 个，4A 级景区 3 个，3A级景区 9 个，2A 级景区 1 个，主要分布在农村地区，包括观光园、农场、码头等。崂山区依靠山海资源优势，在乡村旅游发展方面具有深厚的基础。由于崂山区大部分区域属于乡村地区，多数景点也都在乡村，成熟的乡村旅游景点，为乡村旅游快速发展提供了有利条件。因此，在区域内发展乡村旅游业，将有效带动地区经济发展。

第三节　崂山区乡村旅游发展模式

一、产业带动型

崂山区依靠产业优势，带动乡村旅游的发展。例如，崂山区北宅、王哥庄两个街道立足自身实际旅游资源情况，落实生态旅游发展理念，对区域内山海自然资源等进行科学发展，并进行统一整合，对崂山茶、北宅樱桃、王哥庄面食等品牌产品进行重点完善，通过网络、节庆活动等实施推销，促进了当地经济发展。

二、健康养生型

崂山区通过在王哥庄街道加快建设崂山湾国际生态健康城，推动了健康养生产业的科学持续发展，目前，已出台了发展健康产业的配套措施，全力做好生态资源的保护工作。可以说，崂山区健康养生产业的发展，是在保护生态资源的前提下进行的，将有效地带动周边乡村旅游的发展。在这一基础上，还可以继续总结经验，在生态资源保护相对较好的北宅街道发展该产业，从而在崂山区进一步做大、做强该产业。

三、休闲度假型

崂山区乡村旅游资源丰富，休闲农业得到了一定的发展。崂山区每年都会举行特色休闲旅游季活动。青岛北宅街道樱桃节、王哥庄茶文化节、沙子口鲅鱼节等活动与休闲旅游相结合，推动了当地产业的发展。

第四节　崂山区乡村旅游发展案例

一、青岛北宅乡村旅游节庆活动

近年来，北宅街道坚持全域旅游发展理念，依托辖区资源优势，采用多元发展战略，大力发展旅游产业。按照"突出特色、丰富业态、提升品质、打造品牌"的总体思路，以示范点打造建设为抓手，促进农区变景区、农产品变商品；依托资源禀赋、产业特色及各农业园区，逐渐打造并完善了特色农业产业链条；整合春耕、赏花、品果、秋收和冬趣五大板块内容，全力提升"爱上北宅慢悠游"全年节庆活动品牌，注重节庆与经济效益、文化内涵的有机结合，实现文旅融合、社区增收、居民致富。

2020年1至2月，北宅街道围绕乡村振兴战略实施成果以及北宅特色果蔬、休闲体验、民俗文化等特色旅游项目开展了冬趣活动，共分为食尚北宅、仙居北宅、文化北宅、乐购北宅四个版块。主要内容包括：推介北宅民宿、网红打卡地，采摘草莓，举办年货大集，举办民俗文化节以及在部分文明实践站举行送灯笼、福字、春联等。冬趣活动期间,北宅街道以传统佳节为基调,营造了浓郁的节日气氛,以游带消,拉动北宅冬季旅游消费热度。

2020年3月底,北宅街道春耕活动正式启动。受疫情影响,街道创新推出"云认领"模式,针对"北宅有我一分田""共享菜园""果树认领计划"三大活动板块制作电子宣传材料,在微信公众号、微信小程序、抖音等网络新媒体进行广泛转发、多方宣传。实现网上认领土地1000余份、认领果树300余棵。

2020年5月15日,以"樱你而来 桃醉北宅"为主题的第25届崂山北宅樱桃节在大崂樱桃谷举办线上发布会,此次樱桃节持续至5月31日,历时半个月。为丰富节庆内涵,该届樱桃节推出了街道办事处主任以及社区第一书记、机关青年、社区书记主任"云代言",助力樱桃及各类农特产品销售转型;开展"悠然田园、诗意北宅"征文和"樱桃红了、走进北宅"书画活动,推动文旅融合,增添诗意情怀;举办"与樱桃节同龄"摘樱桃大赛,纪念北宅樱桃节25周年;通过与超市银行等企业合作、设置樱桃销售点以及推出"樱"你而益——助农扶贫公益项目等措施,凝聚社会爱心力量,承包低保家庭樱桃,促进惠农助农。通过各类主题活动,提升樱桃节的美誉度与吸引力,实现富民增收。

这是北宅首次以分会场的形式同步举办啤酒节活动。此次活动以"悠然田园、醉美北宅"为主题,精心设计了3大类、10小类、共20余场活动,通过文化演艺、美食狂欢、乡村音乐节、休闲市集等多种形式,营造全域欢动的节日氛围。实现啤酒+民宿、啤酒+音乐、啤酒+农业园区、啤酒+文创等多点纷呈的办节格局。

在北宅九水和园举办了山间啤酒烧烤+电影纳凉晚会活动;结合凉泉理想村启动区周年庆,举办乡村音乐节活动;在山间别院举办"诗酒田园"小型分享会及亲子绘本之旅;在乡约美宿举办"以酒为媒 桃醉市集"活动,打造接地气和烟火气的夜北宅旅游新形象。啤酒节带火了北宅旅游业,特别是民宿和农家宴,收益较为明显。活动期间北宅辖区内共消费啤酒19.7吨,旅游人数达5.9万人,相关旅游收入约580万元,收效明显。

以"田园风光 丰收北宅"为主题的丰收节,全面展现了近年来北宅街道乡村振兴取得的成果及改革开放40年来的丰收成果,共包括"田园风光、丰收北宅"活动暨崂山鲜菊采摘节启动仪式、"乡村振兴看北宅"采风之旅、北宅农特产品金秋消费月以及"庆丰收、迎小康"全民K歌颂中华四个板块,极大地提升了辖区内居民的荣誉感、幸福感、获得感。

街道积极做好辖区内的各类优质旅游资源、旅游产品、农特产品整合工作,形成品牌影响力,在当地依托电商门店、旅游信息咨询中心设立旅游产品展示售卖区,同时多方位运用"云代言"、直播带货、"爱上北宅"微信小程序等线上手段助力农产品销售,2020年实现微信小程序线上销售总额400余万元。

二、青岛王哥庄乡村旅游节庆活动

乡村旅游是实现全域旅游的重要环节,也是王哥庄区域百姓的主要收入来源,"大馒头节"不仅实现了大馒头与各类特产的深度融合,更是土特产与文旅资源的有机融合。线上、线下拉开宣传互动矩阵,从单纯办节到全域宣传推介,引起社会各界对王哥庄农村农业发展的关注。这标识着王哥庄正在突破传统产业格局,实现三产融合,以文化旅游激活区域产业发展的生命力,让景色更美、物产更优、百姓更乐。

2021年10月25日,《消费日报》报道:王哥庄街道拥有34个农村社区,108个自然村,每个时节"村村有特色、处处是风景",地铁最美11号线通到了这里,全年都是发展文旅的好时光。王哥庄推出"1+5+10+x",发布"醉享王哥庄"时尚文旅品牌,将茶园、农渔家宴、农场、特色民宿、旅游特色村有机串联,推出甘露茶乡风情游、黄金海岸观光游、乡村农韵采摘游、享民宿观日出闲适游共"十大精品旅游线路";推出多个文创,培育高端茶叶、休闲采摘、乡旅民宿、游览观光、婚纱摄影等产业,建设吃、住、行、游、娱、购全链条式旅游服务,真正让绿水青山变成百姓致富的"聚宝盆"。

王哥庄大馒头一条街、王哥庄大集吸引各地市民游客闻名来寻找小时候的味道。除了本地人,王哥庄也吸引了很多爱文旅的人来此创业。二月二生态农场在王哥庄已走过 12 载,以中小学生研学拓展、民俗特色体验和王哥庄大馒头生产为主体,推出体验大馒头制作、崂山剪纸学习、豆腐制作、地道农家宴、小动物喂养、恐龙考古等项目,实现生态发展与经济效益的完美融合。这里还有螳螂拳、崂山茶艺礼俗、王哥庄海蜇加工技艺、崂山剪纸等多项非遗,通过非遗文化进社区、进校园活动,让优秀传统文化传承不息。

民宿业在全域旅游中占据了十分重要的位置。大家都说"北有崂山,南有莫干山"。在王哥庄,一些专业的民宿运营企业大胆创新,将生态环境与时尚美学设计、个性化服务互动相结合,让民宿成为看海品茶、写生创作、娱乐团建、旅行婚礼的目的地。目前,王哥庄拥有中高端民宿 30 余家,大小民宿共 450 余家。街道实施了民宿管理"1+3"工作模式,将民宿融入大文旅产业链条中,将山海文化、传统文化、现代城市文化做好交融衔接。今年馒头节上,发布王哥庄民宿协会成立,全面推介袤趴、商务、婚旅、田园、艺术等各类主题民宿。据悉,在崂山区十大最美民宿评选中,王哥庄民宿独占五席,"山海时尚文章"正在展开。

三、崂山区流清湾滨海旅游小镇

崂山区流清湾滨海旅游小镇位于沙子口街道东南端,崂山山脉腹地,黄海之滨,在国家 5A 级景区崂山脚下,是进出崂山景区南线的必经之地。这里自然资源丰富,植被覆盖面积大;南部临海,拥有优质的沙滩资源。小镇以流清河、东麦窑、西麦窑、南窑社区为核心,形成"上山可采摘、下海可捕鱼、遍地是景观"的独具特色田园综合体。

(一)新思路突破发展瓶颈,打造滨海度假风情带

彼时的流清湾片区内居民以出海捕鱼为生,且面临区域内社区各自为战、资源分散、同质竞争的发展瓶颈。近年来,沙子口街道紧紧围绕乡村振兴战略目标,按照抓点促线、连片打造的思路,助力乡村旅游发展,打造流清湾滨海度假风情带。成立流清湾乡村振兴产业联盟,通过龙头旅游企业与农村社区的资源互补、强强联手,整合流清湾的旅游资源,将现有民宿、餐饮、游玩等业态进行升级,并先后导入新兴旅游休闲业态,逐步将片区打造成滨海度

假风情带、青岛文旅新名片。

流清湾海岸蜿蜒，全长约800米，沙滩绵延平展，沿海沉积物多为亚细沙和泥沙，沙质细白，大陆架向海洋延伸部分坡度小，是优良的天然海水浴场。此处海洋资源丰富，盛产海带、扇贝、虾、蟹等海产品，尤以"面条鱼"而闻名。每年清明前后人们便开始拉网捕鱼，这种曾被遗忘的"大网拉鱼"成了深受游客欢迎的乡村旅游项目，社区浓郁的海洋文化资源与特色的乡土气息互相交融，构筑了风景秀美的美丽乡村蓝图。

凭借着滨海度假旅游资源优势，流清湾片区内的民宿、渔家宴、崂山茶、果品采摘等产业已初具规模，且形成较大影响力。其中，"仙居崂山—东麦窑主题民宿"利用村里现存空置的老房子，打造出具有地域特色的高端精品民宿品牌。登上老石板砌成的台阶，一座座建于20世纪七八十年代的石头房历经风雨，能看出斑驳的痕迹，却也让整个村落多了一份悠然从容，在这里可以拥有一个私密空间，读书、品茶，度过一段宁静的慢时光。除此之外，片区内各类主题特色民宿应有尽有，有的隐匿于村落、有的面朝大海，满足游客选择。

（二）赏美景住美宿品美食，周末假期游玩好去处

流清湾片区内植被茂盛，森林覆盖率高，是周末郊游的好去处。2020年，片区内有樱桃树1.5万株，种植面积100余亩。尤其是樱桃花、杏花、桃花等盛开的时节，游客在这里爬山，穿梭于花海之中，仿佛世外桃源。待果实成熟，带上家人或邀上三五好友体验采摘的乐趣。同时，崂山茶在全国绿茶中享有极高声誉，被消费者盛誉为"江北第一名茶"。崂山茶作为中国最北方的绿茶，具有生长周期长、品质优良、叶肥味厚的特点。片区内茶叶种植约100亩，以茶叶加工销售为主的产业已较为成熟。在流清湾滨海旅游小镇里，不仅可以赏美景住美宿，还有这些丰富的乡村旅游体验项目，让游客切实体验到各式各样的田园生活，与大自然融为一体。

有了美景美居，自然少不了美食。流清湾片区内特色农家宴是以崂山地方传统农家饮食风俗为源，以崂山的海、山原料为本，以崂山农家菜为主体的农家宴席。新鲜的菜肴与天然的味道常常给人带来惊喜，许多人一到周末就

奔向流清湾，寻找当地特色美食，虾、海蜇、海螺、山野菜等，都是让人难以忘怀的味道。处市区之远，又充满着浓郁的青岛海滩风，深居群山怀抱，门前的庭院却又如此开阔撩人，流清湾让人流连忘返。优美的环境，清新的空气，游客被优质的山泉水所情迷，是绝佳的休闲好去处。

四、晓望社区

晓望社区坐落于崂山山脉东麓，辖区面积 12.2 平方千米，坐拥 1400 亩茶园，万亩山林，拥有国家 3A 级旅游景区二龙山景区，历代名人墨客也曾留有诸多痕迹。甘露茶香，是"景村融合"的典型案例，秉承"绿水青山就是金山银山"的理念，以乡村生态旅游为主题，茶旅融合为特色，是远近闻名的生态村、茶叶村、长寿村。

（一）依山傍海，生态优美

晓望社区三面环山一面朝海，背靠国家 5A 级旅游景区崂山风景名胜区，紧邻仰口海水浴场，地理位置优越。二龙山景区处于崂山国家森林公园腹地，林木覆盖率 80% 以上，负氧离子含量 6000 以上，是天然的森林氧吧。家家户户种植茶叶，千亩茶园形成了独特的北方茶园风貌，社区依托良好的生态环境和田园风貌，大力发展乡村旅游，形成了较为完善的生态旅游体系。

（二）以茶促旅，茶旅融合

崂山茶被誉为"江北第一名茶"，品质上乘、享誉世界。晓望社区是崂山茶的主产区，以茶为媒会天下客，将茶文化、茶产业与乡村旅游有机结合，打造集茶文化传播、茶事活动、茶事比赛、茶叶采摘、茶叶制作于一体的"茶旅融合"新业态。

（三）景村融合，共建共享

晓望社区是传统的石头村落，采石是村民世代相传的营生手段。早在 20 世纪 90 年代，社区就关闭了兴旺的采石场，几十年封山育林，集全村之力打造二龙山景区，修建步行栈道、观景台、彩虹桥、茗香谷、诗仙餐霞、晓望叠库等景观，修复了晓望社区山灵水秀的生态环境，践行绿色发展。依托 3A 级景区二龙山风景区,做到"景区在村中,景与村共生",探索"景村融合"发展新模式,把社区打造成集农事体验、休闲、康养、度假为一体的乡村旅居目的地。乡村旅游业的可持续发展,推动城乡融合发展与美丽乡村建设,改善了居民环境,带动了富民增收,实现了景村融合发展的共建、共治、共享。

五、凉泉理想村

坐落在绿水青山间的凉泉村,被称为崂山北宅"第一村"。生活在这里的几代村民用 400 多年悠长岁月,初心不改地守望着这片绿水青山,又将这绿水青山化作金山银山,演绎出一段令人惊叹的"乡土传奇"。每个村落都是一部厚重的书,翻开凉泉村的历史,1985 年,为了解决青岛市民的用水困难,凉泉村百姓牺牲了千亩良田,从崂山水库迁至上游山谷,蜗居在狭隘而贫瘠的山沟里。寒来暑往 40 年,凉泉村村民于 2000 年搬入凉泉新苑,老自然村从此闲置,日渐破败,彻底成了一座"空心村"。一晃又是近 20 年,再次走进时间尘封中的凉泉老村,极具地域特色的老房子成了窥探历史的一面镜子,狭窄的胡同印证着从前村民的点滴生活。如何安放好这份乡愁,成了新一代凉泉村村民的守望。

2018 年 3 月 8 日,习近平总书记在十三届全国人大一次会议山东代表团审议时指出,实施乡村振兴战略,是党的十九大做出的重大决策部署,是决胜全面建成小康社会、全面建设社会主义现代化国家的重大历史任务,是新时代做好"三农"工作的总抓手。从"三农"入手,荒废多年的凉泉老村迎来了新的生机,在新时代开启了从老村到"理想村"的蝶变。占地约 595 亩,拥有200 栋民宅的凉泉老村采用"整体租赁、统一规划、分期改造、精品运营"模式,从环保整治和村史复兴两个维度出发,以"生态振兴"为基础、以"文创福报"为特色,打造"凉泉理想村",成为崂山区乡村振兴的"一号工程"。

第五节　崂山区地区经济发展现状

崂山区在 2015 年入选全国休闲农业与乡村旅游示范县。通过近几年的努力,在 2019 年又成功创建首批国家全域旅游示范区,依靠丰富的旅游资源,崂山区乡村旅游在全域旅游示范区创建工作中获得了一定程度的发展。但是同全国或者国外乡村旅游先进地区相比,还有一定的差距。因此,崂山区应该立足于自身实际,探索出适合本地区发展的乡村旅游发展模式,并且要学习先进地区乡村旅游发展经验,使崂山区乡村旅游能够获得快速的发展。

一、崂山区主要经济指标完成情况

由表 4-1 可见,2013—2018 年崂山区经济运行趋势总体平稳,地区生产总值和公共财政预算收入持续增加,三次产业比重不断优化。城镇居民人均可支配收入、农民人均可支配收入持续提高。公共财政预算收入的持续提高,为崂山区发展旅游业提供了充足的财力支持。而旅游业的发展,又促进了财政收入的提高。

表 4-1 2013—2018 年崂山区经济发展概况

年份	地区生产总值(亿元)	公共财政预算收入(亿元)	城镇居民人均可支配收入(元)	农民人均可支配收入(元)	三次产业比重
2013	439.7	89.51	37792	15868	1.22：51.62：47.16
2014	479	103.73	41080	17613	1.15：50.69：48.16
2015	509.8	119.01	44489	19181	1.13：47.99：50.88
2016	550.2	131.06	47804	20600	1.06：45.56：53.38
2017	623.1	141.81	51771	22176	1.04：44.96：54
2018	697	153.22	56281	23884	1.19：45.13：53.68

资料来源:2013—2018 年山东省青岛市崂山区统计局

由表 4-1 可知,崂山区人民生活水平不断提高。2018 年崂山区城镇居民人均可支配收入为 56281 元,比 2013 年增长 48.9%,年均增长 9.78%;农村居民人均可支配收入为 23884 元,比 2013 年增长 50.5%,年均增长 10.1%。农村人均可支配收入增幅略高于城镇居民。

二、崂山区乡村旅游业对地区经济发展的贡献

近年来崂山区以发展旅游产业为契机,将乡村旅游作为文旅产业发展的重要一环,以突出乡村观光休闲为特色,深挖乡村独具特色的文化底蕴。通过创建各级乡村旅游特色村、点,紧抓区位优势,不断完善基础设施建设,优化文旅产业结构,全面提升乡村旅游品质,大力推动乡村旅游助力乡村振兴,带动经济结构转型升级,为村民走上产业致富的发展新路子注入了新活力。

乡村旅游是乡村振兴的重要组成部分,因地制宜地发展乡村旅游,将旅游业打造成乡村支柱型产业是加快脱贫致富奔小康的重要途径。在崂山区北宅街道的凉泉社区,通过乡村旅游推动乡村振兴的做法已初见成效。凉泉社区位于青岛市崂山水库上游、白沙河畔,是远近闻名的生态村。2018 年,崂山区以创建全国首批全域示范区为契机,大力推动凉泉社区与乡伴文旅集团合作成立公司,通过精品策划设计、环保理念植入、构建社区平台、引进乡创人才、城乡联动共创,倾力修复和打造乡村旅游景观。把村庄景观化,让景观产业化,通过旅游发展的“金点子”为农业赋能,带动村民就业,实现社区、企业和居民多方共赢的全新局面,真正将荒芜衰败的村落“活”了起来。位于崂山西北麓大标山主脉处的唐家庄社区,以乡村旅游发展为着眼点,以全面建设美丽乡村示范村和旅游富村为目标,加快实施乡村振兴,助推美丽乡村建设,2020 年被评选为“青岛市乡村旅游特色村”。近年来,唐家庄社区通过聘请中建设计团队组织开展美丽乡村规划,按照生态优先、文化传承、风貌保护、特色产品多元化的原则,在充分保护现状自然资源,保留村庄景观的基础上,挖掘生态旅游资源产业;利用社区特有的原生态山野景观及田园风光,在全面改善社区人居环境的同时,重点打造了“一路、一园、一街、一广场”,助推乡村旅游品质化提升,全面提升了居民获得感、幸福感,为实施乡村振兴打下良好基础。

文化和旅游的强强融合,让“诗和远方”变成了现实,乡村旅游融入了文化的“灵魂”,成了文化的“方舟”,造就了城里人诗意的“栖息地”,又成为农

民致富的"聚宝盆"。近年来,凉泉社区以"爱上北宅慢悠游"旅游品牌打造为契机,将凉泉特有的文化特色融入"村味、村品、村艺、村趣",用创意点燃乡村,让游客既可以感受田园风光,又可以体味未曾远去的"乡愁"。

"以点带线,以线连片",通过乡村旅游的"多点开花",全面体现出乡村旅游助推乡村振兴的成果。近年来,崂山区抢先机、育新局,通过大力发展乡村旅游产业,为乡村"输血",助村落"造血",让乡村能看到目标、感到未来、获得信心,让村民们腰包"鼓起来"、思维"富起来",真正为中华民族的伟大复兴路奠定坚实之基。

崂山区乡村旅游业保持快速增长速度,2019 年全区接待游客 2123 万人次,实现旅游收入 161.5 亿元,同比增长 16.2%。全区旅游经济连续多年保持 15% 高速增长,2019 年旅游收入占全区生产总值达到 19.7%。

如表 4-2 所列,崂山区地区生产总值和旅游收入都是逐年递增的趋势,旅游收入占地区生产总值的比例不断提高。崂山区的旅游业对 GDP 的综合贡献率逐年提高。

表 4-2　2013—2018 年崂山区旅游收入占生产总值的比重

年份	2013	2014	2015	2016	2017	2018
地区生产总值(亿元)	439.7	479	509.8	550.2	623.1	697
旅游总收入(亿元)	68.2	80.4	92.4	105	120.8	139
旅游人数(万人)	1147	1300	1495	1600	1680	2020
旅游收入占生产总值比重(%)	15.5	16.8	18.1	19.1	19.4	19.9

资料来源:2013—2018 年山东省青岛市崂山区统计局

第五章 崂山区乡村旅游发展存在的问题

崂山区区位优势明显,旅游资源十分丰富,在乡村旅游发展方面获得了较快发展。在发展的同时也存在一系列的问题,如部分乡村旅游景点一直没有发展变化,制约了当地乡村旅游的发展,主要问题表现在以下几个方面。

第一节　旅游产品开发建设不足

第一,乡村旅游产品层次低、品种少。多数农家业户对乡村旅游内涵理解不深,只能提供餐饮住宿、果蔬采摘等几个旅游产品服务,内容单一缺乏新鲜感,游客参与性不强,发展活力不足,特色优势资源开发和有效整合效果还有待提升。

第二,品牌建设相对落后。关于旅游品牌建设问题,因为游客的品位需求在不断提升,所以对乡村旅游提出了更高的要求。乡村旅游在发展过程中需要注重各方面效益的平衡。为此要加强旅游品牌建设。崂山区近年来一直以品质崂山为目标,全力打造崂山旅游新时代,加强旅游品牌建设。先后在太清游览区推出了"太清家园""雷锋太索"品牌,还推出了"最美渔村青山村"等美丽乡村品牌以及崂山美食品牌,如"崂山茶"等。但是总体情况是品牌多,但是闻名全国的品牌少。尤其是彰显崂山地方文化内涵的景观品牌较少,一直依靠"太清家园"这个旅游文化品牌来吸引游客。但是游客需要新的旅游景观品牌给他们带来更好的感观体验。而目前崂山区的旅游品牌建设远远不能满足游客的需求。

第三，新的旅游项目发展缓慢，主要表现在亲子游和夜间旅游两个方面。当下亲子游是一种非常重要的旅游形式，崂山区凭借优越的地理位置，非常适合发展亲子游旅游项目。目前崂山区虽然有极地海洋世界、风景游览区、崂山书院、崂山茶博物馆、金石博物馆等旅游景点，但是，相对于国内先进地区来说，亲子游旅游品牌及项目建设一直处于相对落后的局面。夜间旅游经济作为一种新的产业形态，已经在国内发展起来，对于崂山区来说，发展夜间旅游经济可以有效解决崂山目前留不住游客的问题。充分延长游客在崂山的旅游时间，对于有效拉动当地的第三产业发展起到重要作用。

第四，缺乏具有核心竞争力的旅游产品。崂山风景区旅游产品以"一日游"或"半日游"的"山地"观光旅游为主，旅游线路分散；道教文化景点内涵挖掘不够、产品层次浅；海上看崂山线路的经典景观"崂山头——独占鳌头"作为崂山的标志性景点，一直以来没有被推出，"道、海"优势不突出。从观光游览角度，崂山标志性景点与核心竞争力的道教文化旅游优势、拳头产品还没有开发出来。

上述问题制约了崂山区乡村旅游的发展。以青岛北宅樱桃节的发展历程为例，青岛北宅樱桃节从20世纪90年代开始发展，仅推出了几个旅游产品，品牌知名度不高。同样是樱桃节，大连国际樱桃节是从2007年开始的，发展时间虽然短，但是主办地大连金普新区充分树立国际视野，对区域内的樱桃产业进行全面整合。并且出台了多项优惠政策，鼓励农民扩大规模、采用新技术种植高品质樱桃。在这一基础上，当地政府在每年一度的樱桃节期间，充分利用大连市的国际地位，举办大型旅游项目招商推介会。以樱桃为媒，做好"旅游+"文章，向海内外广泛宣传大连樱桃等产业发展，每年吸引商家500多个，200多万游客云集此地。通过举办樱桃节，带动农民人均增收1.3万元，现在大连樱桃已经被全面打造成为国际品牌。

第二节　尚未形成完善的旅游产业链条

崂山乡村旅游的度假产品主要依托山地生态资源、海滨资源和道家养生文化,以农家宴、农家旅馆等低层次产业为主,缺少集健康、养生、度假、娱乐、购物功能于一体的中高档旅游产品和设施。开发档次不高、主题不明确、品质参差不齐、旅游产业组织体系不完善,整个旅游产业群落的网状互动不明显,产业的组织功能亟待提升。

第三节 在青岛旅游中的地位有待提升

目前崂山乡村旅游在青岛旅游产品中主要是观光旅游、生态旅游和宗教文化旅游,其他产品占比较小。在青岛旅游线路当中,崂山游时常被青岛其他旅游景点所代替;旅行社主要推荐的巨峰或太清游览区线路,在游览过程当中,也时常被大大压缩游览时间。因此,亟须通过旅游交通与服务设施的完善延长游客在景区的逗留时间,增加景区经济效益。

第四节 基础设施建设不完备

崂山区大部分区域属于自然生态保护区,而乡村旅游景区也主要位于生态保护区内。该区域乡村旅游专项规划编制尚未完成,这种情况同国内一些地区是一样的。没有将乡村旅游真正纳入地区旅游系统中。这种局面导致乡村旅游基础设施建设不足,旅游基础设施建设滞后,配套功能不全,不能很好地满足游客在安全、舒适、卫生等旅游消费方面的需求。具体来说,基础设施建设不足的问题对乡村旅游的影响主要表现在以下几个方面。

第一,乡村道路建设方面。近年来,崂山区村村通建设工程取得了一定的进展,但是受客观因素的制约,只是进行简单的修补,乡村道路建设问题一直没有很好地解决。以崂山区农村街道为例,大部分社区进村路过窄,最多能够同时容纳两辆车通行,在旅游季节无法满足游客的通行需求,容易造成道路拥堵,给游客带来很大的不便。崂山区有很多的乡村,至今仍然保留着原始乡村特色,非常有旅游价值。如北宅街道的燕石村坐落于深山中,村子里有百年老屋、现代别墅,有古树、水库、小桥,景色优美。该村还盛产优质水果,尤其是樱桃非常出名。但因为道路建设问题,即使景色秀丽,也难以吸引众多游客前去参观旅游,造成旅游资源的浪费。崂山区具有这种情况的村庄比较多,很有开发潜力。但是如果不能妥善解决乡村道路问题,这些山村的旅游产业就不会得到有效开发,从而严重抑制乡村旅游业的发展。

第二,其他旅游配套设施方面。崂山区目前还有很多农村社区缺乏公共卫生间、停车场、公共休息室、超市、公共广场。这给游客和居民的生活带来诸多不便。因为乱停车的问题,游客之间、游客与当地居民之间时常发生摩擦,造成不和谐的局面。例如,北宅街道华楼山区域,每年樱桃节的时候,都会发生严重堵车问题。堵车时长2个小时以上,需要交警、街道和社区干部进行疏通,这给游客和当地居民带来了很大的不便。

第三,目前的基础设施受到影响。2018年以来,根据国家生态环境保护工作的要求,对自然生态保护区,尤其是水源地保护区域内的住宿及农家宴场所全部关停,没有经过规划批准的设施基本拆除,这在一定程度上影响了当地的旅游服务质量。需要当地政府尽快出台规划政策,在保护生态资源的前提下,建设旅游设施,为游客提供服务。

第四,青岛地铁11号线两边区域景观建设问题。青岛地铁11号线所经崂山站点涉及的农村区域缺乏旅游服务设施,浪费了旅游资源。该线路于2018年4月正式开通运营,从崂山区苗岭路至即墨鳌山湾,经过滨海公路,是一条旅游线路。游客可以在车上欣赏崂山区滨海公路两边的乡村景观,体验感非常强。但是,目前这些站点周边区域的服务设施非常少,也没有进行更好的美化和绿化,造成旅游资源的浪费。从区域协调的理论来看,由于该条旅游线路涉及的崂山区域主要包括金家岭、中韩、北宅、王哥庄4个街道,崂山区要对该区域进行资源整合,政府、企业、社区、居民要充分合作,优势互补,带动整个区域发展。

第五节　人文旅游资源开发深度不够

崂山区的文化旅游资源非常丰富,主要包括道教文化旅游资源、佛教文化旅游资源、儒家文化旅游资源、民俗及山水文化旅游资源等。目前,从崂山区乡村旅游发展的情况看,各种文化旅游资源开发利用程度不同。下面以道教文化、佛教文化和儒家文化旅游资源为例。

第一,道教文化旅游资源得到了一定程度的开发,但开发利用深度不足。道教文化旅游是现代旅游的重要内容,崂山作为中国北方道教名山,要进一步对道教文化资源进行开发,这对于促进崂山区旅游业的发展有着重要意义。目前主要开发的是太清宫、上清宫、太平宫三座宫殿。但是位于北宅街道的华楼宫开发程度不够,与太清宫相比,无论在道观的建筑规模、相关的服务设施、人员数量、游客数量等方面都存在很大差距。华楼宫具有丰富的人文历史资源,景色迷人。如果该区域能够得到进一步开发,将会直接带动华楼山景区周边 10 多个农村社区的经济发展。崂山区要以全域旅游理念为指导,对区域内的道教宫殿进行全面开发,扩大规模。另外需要在道教养生、音乐、医学等方面进行开发,最终使崂山的道教文化产业达到一定的发展规模。

第二,佛教文化旅游资源开发较慢。崂山以前也是佛教圣地,存在很多的佛教历史人物和故事。崂山的佛教文化资源也比较丰富,被僧侣们称为"世界第二窟"的那罗延窟就位于崂山,比较著名的寺院有法海寺等 5 家。崂山区需要通过各方面融资、引进国内外知名的文化公司对区域内的佛教资源进行深入开发,充分发挥佛教的人文历史文化价值。通过佛教文化的开发,可以把崂山区发展成全国著名的集道教、佛教文化于一体的旅游胜地。

第三,儒家文化旅游资源开发程度不高。崂山区儒家文化旅游资源主要以书院为主,其中康成书院在中国儒学史上具有非常重要的地位。目前只有康成书院重建,著名的、历史久远的、充满着几百年传奇色彩的华阳书院一直没有重建,其社会人文历史价值没有被开发,这是一种巨大的损失。崂山区需要对区域内的重要书院遗址进行保护,并且要积极引进文化专业公司,通过和政府、社区合作,对具有重要人文价值的书院进行开发,将儒家文化和现代乡村旅游相结合,提高乡村旅游的文化内涵。

第六节　生态资源保护不足

乡村旅游发展需要优美、整洁的自然环境。由于目前崂山区的乡村旅游主要还是以观光、休闲度假型旅游为主。因此，迫切要求加强生态资源环境保护，这对于乡村旅游持续健康发展意义重大。崂山区在生态资源环境保护方面主要存在以下问题。

第一，山体破坏方面。20世纪80—90年代，为了发展集体经济，带动农民致富。当地政府鼓励社区集体、居民开发花岗岩石材资源，由此导致山体被破坏，也影响了生态环境。为此崂山区在2001年关停了全部采石企业。区政府计划利用几年时间，对山体进行修复治理，让受损的山体重回绿色。尽管政府做了很多工作，施工单位也采用了很多新技术，但是到目前为止，该项工作还是没有全面完成，很多石场需要进一步修复。

第二，山林保护方面。崂山能够成为全国闻名的美丽景区，在很大程度上依靠的是山海资源优势。崂山区的山林面积为34万余亩，森林覆盖率达到59.95％。崂山的乡村旅游要发展，一定要做好山林的保护工作，需要解决好相关利益主体的问题，主要是社区护林员队伍建设、社区居民及外来人员护林防火知识教育问题。

第三，河道治理问题。崂山区区域内共有18条河流，全部位于农村地区，从近几年乡村环境治理工作看，各社区的河道和沟渠两个地方都存有大量的垃圾。需要街道、社区投入大量的人力、物力、财力进行整治。但在每年清理结束后，又会产生大量的垃圾进入河道和沟渠，影响了社区的卫生，给居民生活带来不便。经过调查，产生的垃圾主要不是生活垃圾，而是建筑垃圾以及河两边居民土地清理时产生的垃圾。目前社区都在街道主要路口安放了垃圾桶，可以解决社区居民家庭及村内道路等区域产生的垃圾。要解决问题需要社区工作人员在河道进行定期、不间断巡查，同时做好垃圾分类工作，从根本上解决问题。

第四，社区居民家庭卫生问题。居民家庭卫生建设非常重要。因为社区是由一个个家庭组织起来的，家庭的卫生搞好了，社区的整体面貌就会发生改变。要求街道、社区一定要采取宣传加教育的措施，督促居民解决该问题，目前这方面的措施不够多。再一个问题是居民卫生建设档次不高，主要的问题是部分居民没有养成在自家周边种植花草的习惯，整个区域缺乏乡土气息。崂山区要出台政策，鼓励居民种植花草，改善乡村景观，助力美丽乡村建设，带动崂山区的乡村旅游品质提升。

第七节　乡村旅游市场管理不够规范

乡村旅游要发展，需要规范化的管理。近几年，崂山区的乡村旅游市场管理在政府的积极推动下，取得了一定的成绩。但是仍然存在一些不规范的问题，主要表现在以下方面。

第一，农家宴管理方面。作为乡村旅游市场的重要经营主体，农家宴在乡村旅游发展过程中起到了很重要的作用。但是目前农家宴管理一直没有被真正纳入旅游市场管理中，其营业、停业都非常随意。一些不具备条件的农户也经营农家宴，由此产生了很多问题。如饭菜价格过高、旅游服务差、卫生不达标准等问题，给游客留下了不好的印象，严重影响了乡村旅游的发展。

第二，乡村旅游区域违章建筑问题。个别社区居民、单位存在乱搭乱建问题，这一方面影响了美丽乡村建设，另一方面还破坏了乡村的生态环境。

第八节　景区与社区融合发展不够协调

景区内社区发展不协调、不均衡，社区改造推进难、推进慢。一方面，景区管理与社区管理的体制分治。景区内社区的社会管理与行政管理等权限在各街道办事处，风景资源保护与管理权限则在崂山风景区管理局，"形式上一家人、实质上两家人"的分治格局未真正改变，社区建设发展与景区管理的诸多矛盾亟待解决。风景区对社区没有管理领导权，对社区卫生状况与环境整治等没有考核权，影响着文明景区建设。另一方面，景区限制开发与社区发展的矛盾。景区内社区发展和居民改善居住条件需求的满足，需要有一定的建设用地规模,但景区内部可利用建设用地少之又少。此外,按照国家风景名胜区管理条例规定,景区尤其是核心景区内社区改造须控制建筑高度、体量和密度,相关规划调整也须报国家建设部批准。这也就意味着核心景区内社区受制于景区核心保护区规划不能新增建设用地。

第六章 国内外先进地区乡村旅游发展经验借鉴

第一节 国内先进地区经验借鉴

2005年，莫干山镇启动"生态立镇、旅游强镇"发展战略，依托"莫干山"的名山效应，大力发展精品民宿等产业。按照"原生态养生、国际化休闲"的理念，逐步培育形成了以"洋家乐"为代表的多元化度假产业融合发展格局，打造成为世界闻名的国际乡村旅游度假目的地。

崂山区目前正在精心打造一批民宿品牌，但是无论是规模还是质量，与莫干山镇相比，都有很大的差距。莫干山乡村旅游发展取得成功的关键是能够充分保护生态资源，利用莫干山的名山效益，树立国际化发展格局，打造高端民宿。崂山区要依托山海优势，加强生态保护，发展生态旅游。依托崂山这一道教圣地、佛教圣地的知名度，在民宿产业、文化、健康养生产业方面实现突破。

湖北武当山是世界闻名的道教名山，依靠丰富的旅游资源，采取积极的发展模式，取得了很大的成绩。其主要做法：首先，举办不同层次的道教文化会议，充分宣传和挖掘武当道教文化；其次，通过影视作品展示武当山道教文化中的人物、故事、传说，更好地宣传武当山；最后，通过开发上百种旅游纪念品，吸引游客前去参观。

崂山是"中国北方第一道教名山"，但道教文化旅游的发展远落后武当山。首先，宣传崂山道教文化的影视作品同武当山相比很少，崂山神话等文化资源也没有充分挖掘，崂山道教文化旅游纪念品也不多。因此，要发展崂山的道教文化旅游，一定要继续举办"崂山论道"等研讨会议，要不断地扩大会议层次和规模，积极宣传崂山的道教文化。其次，要不断通过影视作品来扩大对崂山道教文化的宣传，要增加这方面的文化节目，尤其是要围绕着崂山的道教文化。最后，要积极开发道教文化产品。目前崂山道教文化纪念品主要是水晶旅游纪念品，虽然制作精良，但是品种太少。要把道教文化同其他旅游产业结合起来发展，如可以同民宿产业相结合。所以，崂山区道教文化旅游发展潜力巨大，值得开发。

通过对以上两个地区乡村旅游发展案例进行分析，可以看出有很多地方值得我们学习，主要表现在以下几个方面。

第一，生态资源保护方面。莫干山地区非常重视生态资源的保护工作，不断加快绿化造林工作，加强山林资源保护，推进林业产业化建设。在全面做好森林防火工作的基础上，莫干山地区建立了现代林业示范园区，阳光农业生态园区等，将园区建设和乡村旅游结合起来，发挥其经济效益。

第二，精品民宿建设方面。在精品民宿建设方面，莫干山地区对民宿进行高端化、精品化打造。面向海内外聘请专业公司进行建设。不惜投入巨资，使莫干山的民宿品牌建设闻名世界。莫干山民宿价格在5000元一晚的比比皆是。通过高品质、高价格吸引海内外游客。在民宿建设方面，避免同质化现象，在人文旅游资源开发方面下大力气，进行开拓性创新。

第三，组织建设方面。莫干山地区成立专门的乡村旅游办公室，推进项目建设工作。针对项目推进过程中出现的问题，运用市场的方法进行处理。指导单位和农户投资经营民宿产业，在政策方面给予充分的支持。

第四，宣传方面。武当山地区通过拍摄影视剧的办法，扩大该地区的知名度。精心制作了上百种具有文化内涵的旅游产品。通过这些产品宣传武当山地区的道教文化。

通过以上地区的发展，我认为崂山区要发展乡村旅游产业，要做好以下几方面工作。

第一，一定要立足自身实际，充分发挥本地区特有的旅游资源优势。具体说就是要充分发挥山海资源优势，不断开发新产品。

第二，做好民宿产业建设。在充分做好生态资源保护的前提下，利用崂山的名山效应，发展生态旅游产业、建设具有地方人文特色的民宿产业。要树立国际视野，聘请专业的文化公司，精心打造精品民宿，在区域内形成一个民宿群。

第三，开发道教文化资源。对于崂山的道教文化产业一定要进行系统规划、深入开发，要面向世界各地宣传崂山的道教文化发展情况，广泛开发各种道教旅游产品，举办多层次的论坛会议；通过拍摄影视剧、宣传片等方式，不断扩大崂山的知名度。使崂山在真正成为"中国北方第一道教名山"的基础上，赶超国内其他地区。

第二节　国外先进地区经验借鉴

一、法国乡村旅游发展

法国的乡村旅游起步很早，即便从20世纪60年代大旅游时代来临算起，到现在也经过了70多年的发展历程。发展规模大、销售网络完善、拥有系统的行业标准和规范，其管理方式和经营模式也在不断演变和完善，使法国乡村成为家庭度假和休闲旅游的主要目的地。尽管中法两国在政治体制、乡村环境、文化传统等方面有所不同，但法国在乡村旅游方面的成功经验却是值得我们借鉴的。

（一）法国乡村旅游概况

在法文中，用"recreation"概括旅游活动，它主要由三部分组成，分别是lerepos（休息）、la decouverte（探奇）和 dusport（运动）。休息是指游客通过一些休闲活动来放松身心，如泡温泉、桑拿或者漫步田间；探奇是指游客参观一些和自己原来所居住的环境或文化差异很大的地方来满足自己的好奇心，如乡村旅游；运动是指一系列的体育活动，如滑雪、攀岩、登山等。在法国的乡村旅游中，旅游活动主要集中在农场美食品尝、农场参观、骑马和遗产、文化类参观等方面。

另外,在法国的乡村旅游中,旅游企业特别注重提供相关的活动或服务,引导游客体验和享受乡村旅游的乐趣。如在农场边开辟小径以供游客漫步,欣赏成片的羊群或牛群,或让游客体验挤牛奶的乐趣,或在接待处提供单车出租服务等。

(二)法国乡村旅游主要内容

法国的乡村旅游也不外乎吃、住、行、娱、购、游六大要素,但其产品和服务有明确的规定与指引,同时也有相关的行业指标约束。以下主要介绍法国乡村旅游在餐饮、住宿方面的活动。

食宿乡村的餐厅一般提供有地区特色的菜款,烹饪的原料来自周边的农场和牧场,因此特别受游客欢迎。同时,法国乡村餐厅非常注重获得各种称号或认证,这些称号或认证是招揽客人的重要保证。

露营是法国乡村住宿最普遍的形式,价格低廉且形式多样化,可以是帐篷、旅行挂车或者是四周有游廊的二层矮楼的度假小屋。但这些住宿的地点有严格的规范,住宿活动必须在专门设立的露营地开展。

乡村酒店包括连锁酒店和独立酒店。为了规范酒店的经营管理,法国对2万多家乡村酒店进行了重组和规划,颁发质量认证书和共同的商标,取得了很好的效果。

(三)对国内发展农家乐的启示

通过以上对法国乡村旅游活动、乡村旅游要素的组织安排及乡村旅游地营销的分析可以看出,法国的乡村旅游发展比较规范和完善。这对于目前国内面临的经营管理理念落后、旅游产品雷同、缺乏乡村特色及营销网络不完善等问题的解决,都有较好的参考价值。

尊重当地居民意愿。虽然法国乡村旅游比较有特色,但并非所有的乡村都适合发展旅游业。即使有丰富的旅游资源和充足的客源,在开发前也必须得到该地居民的同意,必须考虑到对当地居民生活上的影响,因为发展乡村旅游的最根本目的是推动地区经济的发展、造福当地居民。在法国,居民有权否决居住地的旅游发展项目及其他经营项目。

国外的乡村旅游往往由旅游企业开发经营管理,而国内在乡村旅游的开发上多采取政府主导的原则。调查结果显示,在北京郊区的乡村旅游,由村庄自己自发开发的占 26.5％,由政府引导开发的占 35.3％,政府引导和自发相结合的占 38.2％。这种模式需要政府自始至终的协调,运作起来不专业。由于旅游开发多是本地政府和村民的行为,因此在经营主体和方式上主要为以农民为经营主体的农村家庭经营方式,这种方式由于农民的经济实力及专业素质有限,在旅游产品的开发及营销方面受到限制,也不利于资源的整合和品牌的形成,容易形成国内乡村旅游发展中的经营管理理念落后、旅游产品雷同、营销网络不完善等问题。因此,建议引入外来旅游企业联营或合作,按现代企业制度经营管理,农民可以参与经营,各种资源可出租或入股,而政府则致力于改善投资环境、制定各种政策和协调各方利益。

法国乡村旅游无论是在餐饮、住宿,还是购物方面,都通过认证来进行规范和管理。一方面可提高乡村旅游的经营管理水平,另一方面也保障了游客的合法权益。国内乡村旅游在服务质量、卫生状况及安全水平等方面还需要努力提高,推行乡村旅游品质认证制度对乡村旅游的健康成长具有重要意义。可由当地旅游局会同相关部门对餐饮、住宿、农产品及其他设施进行检验,凡合格者颁发认证标章,对不合要求的进行淘汰。

从法国的乡村旅游来看,那些已经相当现代化和机械化的农场对于旅游者并没有太大吸引力。游客们喜欢参观仍然维持小农生产的农场,追求淳朴的生活,享受在田间漫步、赶羊群和挤牛奶的乐趣。

在国内,一些乡村旅游地为接待游客而兴建豪华旅店、齐全的卡拉 OK 设备,传统建筑逐渐被现代建筑所替,使乡村旅游失去了“乡村”特色。与国内乡村旅游地的“城市化”相反,法国的乡村旅游正在有意识地“乡村化”。其产品注重保留乡村特色,甚至以人工手法添加乡村特色,如购置一些古旧的家具、布置一间有传统法国风味的餐厅等。法国政府为保证旅游的乡村特色,在乡村旅游开发和管理措施中要求恢复、发展传统建筑文化遗产,主要是典型的古老村舍,并要求农场的建筑必须符合当地特色。这些都值得国内乡村旅游的政府管理部门和经营者借鉴。

　　法国乡村旅游企业十分注重旅游地的营销工作,而且营销模式多样,同时它们往往通过和行业对手及政府性旅游组织合作,扩大营销的层面和影响力。正确的营销途径选择是法国乡村旅游发展成功的关键因素之一。而国内在乡村旅游的发展中往往重开发而轻营销,这虽然源于农村家庭经营方式的限制,但主要还是自我销售意识不强,在宣传方面过多依赖村委会,其产品销售大多靠传统方式招揽游客。总体来看,存在旅游市场定位不当、促销手段单一、旧有客户流失严重和本位利益的恶性竞争等问题,并直接成为国内乡村旅游发展的制约因素。

　　因此,乡村旅游的发展应将产品的营销作为成功的重要因素并纳入成本预算。在营销过程中,充分借鉴法国的方式方法,根据空间因素和地域因素确定目标市场和目标顾客;建立客户信息数据库,加强顾客信息管理与沟通;建立与旅游中间商及各类旅游中介组织的合作关系,加强与媒体的广泛联系,共同策划宣传旅游地的盛事活动,以增强旅游地的吸引力和公众关注程度。

第七章　崂山区乡村旅游发展的对策

2016年,崂山区被国家旅游局确认为首批全国"全域旅游示范区"创建单位,这对于崂山区发展旅游业有积极作用。作为全域旅游的重要部分,崂山区的乡村旅游要以全域旅游理论为指导,立足自身实际,提出科学的发展对策。要充分认识崂山景区的重要作用,树立崂山全域皆景区的理念,通过景区的发展带动周边区域乡村旅游的可持续发展,从而使崂山区乡村旅游发展达到一个新的水平。

第一节　开发旅游新产品

全区应该充分认识到崂山区的旅游业是一个完整的整体,乡村旅游业是其中的重要部分,要在景区发展的基础上,通过景区带动乡村旅游发展。全面实施"旅游+"战略,培育过硬的新产品和旅游品牌,更好地满足国内外游客的需求。以提升旅游产品在国内外市场上的竞争力为目标,围绕产业组织坚持整体设计、特色突破,根据自身资源优势、市场需求和国际旅游潮流进行定位,延展丰富"吃住行、游购娱"产业链条,依托山、海、田、园资源优势,集中力量构建涵盖观光、生态休闲、度假和专项产品的特色多元产品体系,着力形成观光、生态、文化和休闲"四位一体"的新型产品格局,深度开发特色的休闲度假产品,形成崂山风景区旅游的整体优势。

充分发挥崂山区山海资源优势,开发反映崂山人文历史文化的旅游项目,深入完善崂山的旅游产品体系。

首先，要突出崂山道教名山地位。要融合森林生态、道教文化、景观环境等区域资源，统筹规划设计铁瓦殿、灵旗峰等游览节点，重新修复玉清宫，再现崂山"三清胜境"，打造人文景观新地标。

其次，要创新发展山中体验和海上观光游览产品。推出海上寻仙、太清悟道、太平福寿、巨峰旭日、九水寻真、华严参禅等主题线路。开通流清—太清、仰口—太清两条海上黄金旅游线，新建、改建流清、太清、仰口等一批码头，完善海上旅游基础设施建设。开发沙滩、海岛等旅游资源，建设仰口湾、试金湾海上乐园，高水平开发海洋演艺、海洋餐饮和海上拓展训练等亲海、乐海、品海新项目，加快打造陆、海、岛一体化旅游产品。改造升级景区旅游步道和交通设施，联结太清、上清、玉清，打造"三清胜境"精品游线。提升巨峰环山旅游路、仰口天苑等设施，建设太清—八仙墩滨海游道，启动华严—仰口观景休闲轨道火车项目，打通景区交通线，将各游览区串为整体，资源协调，服务对接，形成山、岸、滩、海立体游览格局，全面展现崂山"登山望海、凭海观山"旅游特色。

再次，交通设施要改造升级，满足游客"上山下海"的要求，构建新的旅游格局。着眼构筑"上山下海"重要节点，改造升级八水河片区，形成集观光车、缆车、游船等交通方式于一体的"八水荟宾"立体枢纽。高标准推进仰口、九水客服中心建设，与大河东客服中心相呼应，构建配套齐全、功能完善、服务优质的景区三大游客集散地。结合沿线居民安置政策突破，精心组织景区东线环境品质提升工程，实现视觉空间、自然景观、建筑群落、安全等级、人车体系等"七个优化"，打造"世界级山海景观乡野廊道"。充分挖掘崂山华楼山、二龙山的人文历史文化资源，全面提升景区的综合品质。

最后，在景区建设的基础上，充分带动乡村旅游产品体系建设。要科学利用区域内的旅游资源，进一步规范乡村旅游市场，为乡村旅游品牌建设创造良好的社会、市场环境。

崂山风景区内淡水资源具有很高的美学价值、文化价值，以景区内丰富的河流、溪谷、潭瀑等优势水资源为核心吸引物，在保护水生态环境的前提下，以统筹人与自然和谐为准则，开发"崂山秀水"系列旅游产品，为游客创造优质山水组合景观,同时促进水生态系统的良性运转。

针对崂山风景区古树名木在宫、观、寺中分布较多的现状,围绕古树名木和风景林植被资源开发林生态旅游产品。加强对景区内古树名木的保护,设置解说牌,补充其主要分布区域、培育方式、生长习性、生长过程、生态环境价值、利用价值、观赏特性等信息,优化导游解说系统,更好地发挥文化与科学价值。实施风景林规划改造,优化林分组成,达到增色、增景、增绿效果,提高森林景观价值和生态效益。

拓展延伸传统优势文化,突出文化旅游主题,形成具有鲜明特色的主题文化旅游产品。加大崂山历史故事、传说和文化编研,提升崂山旅游层次和内涵;培育壮大崂山道韵、论道崂山等品牌项目,系统开发道教武术文化、祈福文化等旅游文化产品;结合崂山人文元素,建设一批文化展馆,活化崂山记忆,讲好崂山故事,促进崂山特色文化传播。探索设立面向全世界的"中国(崂山)道学院",传承优秀传统文化,增强对外文化交流,促进崂山风景区文化旅游的发展。

在遵循多样性、文化性、针对性原则的基础上,加大乡村休闲旅游产品的创新力度,增加休闲旅游产品的地域文化含量,增强体验型乡村休闲旅游产品的开发力度,完善乡村旅游社区产品的建设,推进旅游要素和服务全域覆盖,开辟乡村旅游更广阔的发展空间。依托青山、雕龙嘴等传统村落优势,挖掘田园农耕、渔家风情、滨海生态等资源,创新开发特色居住、特色采摘、特色餐饮等乡村休闲度假旅游产品,抓好"农家乐""渔家乐"旅游规范有序发展。

在国际休闲度假健康旅游目的地建设的框架下,根据养生旅游市场需求与游客特点,紧紧围绕旅游度假胜地、健康养生福地建设目标,结合崂山湾国际健康城建设,在景区内规划养生旅游线路、设计开发旅游产品,将养生旅游产品贯穿整个旅游产业链条之中,充分满足旅游者的养生保健旅游需求。以自然生态环境、人文环境、文化环境为基础,结合海水浴、泥沙浴、日光浴、森林浴、学术休假、专家疗养等形式,使游客在游览的同时,达到身体康泰、精神健康的目的。充分利用崂山道教武术、崂山道乐、崂山药材等养生资源,开发崂山道教养生系列旅游产品,打造崂山养生旅游品牌,以养生旅游带动其他文化产业发展,促使旅游与其他产业融合发展,全方位提高养生旅游社会知名度。

第二节　按照景区发展的要求,进行科学的产业发展布局

崂山风景区大部分区域分布在农村地区,通过景区的发展带动乡村旅游相关产业的发展是一条符合当地实际、科学的发展路子。为此,要做好以下几方面工作。

第一,各街道要依靠景区优势,结合实际发展特色旅游产业。要继续通过打造品牌节会活动的方式,做好品牌的建设工作。北宅街道要在华楼景区、北九水景区周边区域做好采摘节活动,推出新的农旅融合产品,要深挖田园农耕资源,让游客能够真真切切地体验农事活动。要积极进行田园综合体建设,丰富乡村旅游文化内涵,满足游客旅游方面的需求。田园综合体建设对于崂山,尤其是对于北宅街道具有重要发展意义。因为北宅街道大部分区域属于自然保护区,生态资源保护非常重要。进行田园综合体建设,不仅有利于生态资源保护,还可以发展地方经济。可以通过农民专业合作社的形式,建立植物园,作为亲子游旅游项目,发展教育、科普依托型乡村旅游。王哥庄街道要在仰口景区周边区域发展节庆活动。通过举办茶文化节,全面提高崂山茶的品牌知名度和市场竞争力。还要结合崂山湾国际生态健康城的建设,发展健康养生产业。取得成效后,可以在全区进行推广。沙子口街道充分发挥流清河景区的作用,要高质量举办鲅鱼节等文化活动,要根据崂山当地的习俗确定鲅鱼节主题。通过举办鲅鱼节,打造本土品牌,助推相关产业发展。要积极进行宣传,扩大鲅鱼节的国内外知名度。

第二,要以"仙居崂山"民宿度假品牌为标准,继续在崂山区发展民宿产业。要学习莫干山成功的民宿发展经验,在做好生态环境保护的同时,充分利用崂山的名山效应,面向国内外先进地区打造高端文化民宿。可以把崂山的道教和佛教神话故事以及儒家文化精神同乡村民宿建设结合起来,发展代表崂山文化的民宿产业。要打造特色民宿聚集区。对东麦窑、双石屋民宿村

按照 3A 级旅游景区标准,植入特色美食、饮品、阅览、购物、美体等业态和配套设施,开发夜间文艺、游乐项目,进一步完善产业链条,形成特色鲜明、业态丰富、功能完善的民宿聚集区。要高度重视发展凉泉乡伴理想村民宿建设。崂山区北宅街道在前期引入伊犁乡伴旅游文化发展有限公司的基础上,通过该公司建设生态绿色田园综合体、高端民宿项目。政府应通过推介会的方式,向海内外积极宣传,扩大公司的知名度,同时在资金、政策、项目等方面广泛支持、促使其蓬勃发展,从而能够有效带动当地民宿产业发展到一个更高的水平。

第三,推动"旅游 + 互联网"建设。要按照景区标准,因地制宜,推出新的旅游服务产品,满足游客的旅游消费需求。委托专业机构整合乡村旅游资源,策划推出适销对路的旅游产品。集中采购媒体资源,营造旅游营销大平台。发挥互联网在乡村旅游营销中的作用,构建以智慧旅游为核心的宣传和综合服务保障体系,拓展客源市场,提高乡村旅游知名度和市场影响力。

第四,发展夜间旅游。前期,崂山区按照"一街一主题、一街一特色"的原则,以打造 3A 级景区为标准,发展形成一批特色酒吧休闲街区。下一步要整合、提升石老人海水浴场、星光里酒吧街、丽达商圈的夜游、夜购、夜赏、夜娱、夜食、夜宿等要素,策划建设高品质夜市,持续植入时尚、文化等元素,创建北方知名的夜间经济聚集区和示范区。崂山区目前除了应该在中韩、金家岭街道部分区域继续建设文化场所、购物一条街等夜间旅游项目外,还应该提前做好北宅街道石岭子以南,即创智谷区域发展的准备工作,为发展夜间旅游经济打好基础。

第五,发展文化时尚产业,带动区域旅游发展。以文化时尚产业高地为主攻方向,打好文化引领攻坚战役。突出文化与创意、科技、旅游融合发展,培育特色鲜明的文化品牌与优势企业,让文化时尚产业成为增强崂山文化软实力和综合竞争力,加快"战略北进"的重要引擎。首先是大力推动"文化+"。发挥"中国乡村双创优秀实践地"品牌优势,引进和培育 20 个在国内外有实力和影响力的文化创意公司。利用全息影像、VR 等高科技、新技术赋予传统文化新形式、新内容，设计开发太空体验、光影动物园、时光隧道、迷幻天地等高科技体验项目，推动"文化＋科技"加速发展。策划推出沙滩狂欢音乐节，升级改造青岛国际啤酒节，丰富"石老人音乐季"时尚活动内容和内涵，组织中日韩德文化交流和国内文化艺术联展、博物馆联展、名家崂山写生等系列文化活动，持续扩大品牌活动影响力，让"文化＋活动"迸发新活力。其次是拓展产业发展空间。结合全区《关于进一步推动楼宇经济高质量发展的实施意见》，制订文化创意楼宇发展规划，开辟更多文化产业功能园区等。支持金石博物馆、古早文化城、国信时尚创意园等文化园区迭代升级，完善蓝茂文化产业园产业布局。加大文化名企招引力度，力争全年新引进文化总部公司 5 个，新文化业态公司 20 家。形成企业集中布局、产业集群发展、资源集约利用、功能集合构建的园区发展格局。最后是壮大文化产业人才队伍，加大人才引进、培养力度，造就一批文化产业领军人才，加大对人才的激励力度。

第三节　做好社区基础设施建设工作

第一，做好乡村旅游产业发展规划。要充分利用崂山省级自然保护区范围调整释放更大发展空间的有利契机，结合崂山风景区总体规划修编成果，从产业布局、业态集聚、品质提升等方面加强设计指导，科学谋划乡村旅游产业发展，做到与经济发展、生态承载和群众美好生活需求相适应。

首先是统筹发展空间。有序推进崂山国家级风景名胜区的整合优化，同步加强涉及 62 个村庄的崂山区农村社区总体布局规划和 2022 年计划编制的 42 个村庄详细规划的指导和衔接，坚持因地制宜，突出乡土特色，加快形成城乡协调联动、融合发展的空间格局。

其次是加速改革换新。在协调沙子口、王哥庄、北宅 3 个街道有关片区控制性详规，落实风景区居民安置区建设用地的同时，吸收借鉴峨眉山、张家界等景区经验做法，结合美丽乡村示范村、美丽村居创建和乡村振兴产业布局，选择核心景区、旅游专用路沿线及重要景点周边村庄，试点采取"货币

+"、异地安置、库存房源安置等方式,多措并举引导社区居民疏导安置、分散安置,为乡村旅游产业发展腾出优质资源和空间,做强、做优精品旅游业态,拓展提升乡村旅游产业链、价值链。

再次是强化项目协同。将社区村庄突破发展与景区重大项目建设结合起来,重点谋划推进景区东线"世界级山海景观乡野廊道"项目涉及的曲家庄、雕龙嘴、返岭、长岭等社区的设计打造,争取利用2—3年时间实现景区首个社区村庄安置破题,为区域生态优化、社区怡居宜业、产业转型升级提供可复制、可推广的产业振兴样板。

第二,继续做好"美丽乡村"建设。崂山区在2017年启动了新一轮"美丽乡村"建设,对部分社区的供水、污水处理、居民厕所、社区道路等进行了完善。但是这还不能满足崂山区乡村旅游发展的需要。所以要在前期工作的基础上,继续扩大范围,全面启动崂山区所有农村社区的"美丽乡村"建设,要结合社区实际情况,按照3A级景区的标准进行创建,具体来说,要做好以下工作。

首先,统一为景区周边社区建设一批公共停车场。停车场的建设需符合标准要求,以供游客和社区居民使用,在停车场内可以适当划分区域,由社区居民、游客共同使用。停车场要安排专门人员进行管理,可以增加洗车服务。停车场的建设一定要符合生态环保、规划的要求,位置需合理,以方便车辆进出。停车场可以每个社区配备一个,也可以由几个社区共同建设。停车场可以适当收费,对社区居民根据实际情况提供优惠或者免费。如旅游季节来临的时候,可适当收取居民的费用,鼓励其把车开到自己家的院中,以便空余更多的车位供游客使用。

其次,要在社区建立标准的旅游厕所。社区专人负责管理,可以采取收费制,方便游客的出行。

再次,要在社区建立公共超市,可以由政府补助或社区投资建设,在初始阶段,摊位可无偿提供给本社区居民使用,等发展到一定规模后,社区可以考虑收费。

最后,要加强农民的种植园建设。崂山区农民的种植园主要是果园,包括樱桃、苹果、杏、桃等水果。游客在旅游季节或者节假日经常到农村来购买或品尝。目前,农民果园普遍存在的问题是没有休息的地方,因此崂山区农民要学习外地经验,可在果园内建设凉亭,亭子内放置桌子、椅子。可以考虑由政府部门统一设计不同样式,先为具有一定规模、达到种植标准的农户无偿建设或适当收费。

第四节　深度开发人文旅游资源

崂山区的人文旅游资源丰富,从目前的发展情况来看,很多资源没有被开发利用起来,造成崂山的景点少,留不住游客。因此,崂山区要增加崂山新的、有人文特色的旅游景点。为此,要在要继续在做好景区内人文旅游资源开发建设的基础上,做好以下几方面工作。

第一,以湖北省武当山的道教文化发展为目标,深度挖掘崂山的道教文化旅游资源。要通过定期举办"崂山论道"等活动,提高崂山道教文化的知名度。从"崂山论道"活动可以看出,崂山作为北方第一道教名山还是非常有知名度的。崂山道教现在的发展规模和全盛时期相差巨大。因此,崂山区要对标湖北武当山的道教文化发展,在崂山以太清宫为主,寻找其余道教宫观遗址,进行恢复建设。目前要重点建设北宅街道的华楼宫、王哥庄街道的白云洞等文化旅游景点。要扩大其原有规模,加强园林建设。使崂山的道教宫观达到一定的规模。为了扩大崂山道教文化的知名度,崂山区应该争取举办更大规模的道教文化活动。这样经过几年的发展,随着崂山道教文化建设规模的扩大以及知名度的提高,可以把崂山打造成武当山那样的道教文化旅游胜地。

第二,发展崂山的儒家文化。在发展崂山道教文化的同时,深度挖掘儒家文化旅游资源,使崂山比其他道教名山增添不一样的内容。崂山区要以康成书院为基础,还要重点打造华阳书院。为此要以华楼山景区为中心,在适当扩大华楼宫建设规模的基础上,在华阳山附近建设华阳书院。可以考虑把书院和民宿建设结合起来,可以采用沙子口东麦窑社区发展民宿的办法,通过社区租赁居民闲置的房屋,然后聘请专业公司精心打造,把民房改装成集民宿和书院于一体的模式。要充分利用华阳书院悠久的发展历史,打造一批儒家文化旅游品牌。最终把华楼山景区打造成为集景区、道教文化基地、儒家文化基地这样一个综合性的旅游区。崂山区在健康养生产业发展成熟后,可以选择将这个产业向华楼山一带区域发展,做好科学规划。

第三,要发展崂山的佛教文化。从目前来看,其知名度赶不上崂山道教。崂山区对佛教文化要进行开发。从崂山发展的历史中看,崂山的道教和佛教在明朝时期曾经围绕着在崂山的地位,相互之间进行过竞争。要广泛发掘崂山道教、佛教之间相互发展的历史,学习湖北武当山道教文化旅游发展模式,通过举办大型论道、论佛会议,邀请国内外著名的人士参加,进一步提高崂山佛教文化的知名度。通过网络等方式加强向国内外宣传崂山的佛教文化。还要学习河南少林寺的佛教文化发展经验,力争使崂山的佛教文化事业能够得到长足发展。

第四,对崂山的红色文化资源进行开发。崂山红色文化资源主要分布在乡村地区,其中以北宅街道华楼山景区周边地区最为丰富。要把红色文化资源开发同华楼山景区发展形成一个体系。要对兰家庄、埠落、毕家等社区的红色革命遗址进行调查,并进行专门保护,由景区、社区、企业共同融资,进行复建,并且作为教育旅游基地对外开放。同时开发红色旅游产品,将红色文化产业融入乡村旅游发展中。

第五节　做好生态环境保护工作

习近平总书记指出,"绿水青山就是金山银山",而绿水青山要成为金山银山,就要发展乡村旅游。这充分说明了生态环境的保护对崂山区的乡村旅游发展的重要性。具体说,要做好以下几方面的工作。

第一,要加强对崂山区域内山林的保护。山林资源是生态文明建设的物质基础,是经济社会可持续发展的前提和保障,山林资源数量的多少、质量的高低是衡量一个地区生态环境状况和经济社会发展质量的重要指标。进一步强化对山林资源保护重要性,在充分发挥山林资源在净化空气、调节气候、涵养水源、隔音降噪、保护人民群众生命财产安全等生态效益的同时,同步注重开发康养、旅游、探险、科普、体验及现代林业产业等方面的经济价值,全力促进农民多元增收、快速增收、可持续增收,努力实现森林资源在保护的前提下促进科学开发、持续发展的目标。

20世纪90年代开发石材造成的山体破坏,极大地影响了崂山的生态环境。所以崂山区一定要抓紧时间,聘请国内外专业公司做好山体修复工作,对采石场进行科学的恢复治理,让崂山的青山再现生态美。要紧紧围绕"绿色发展"理念,坚持"源头治理、系统治理、综合治理、依法治理",紧紧围绕"护绿、增绿、兴绿"工作中心,加强山林资源管理,严厉打击破坏森林资源的违法犯罪行为,建立健全长效管护和生态资源科学保护与利用机制,确保山林保护工作取得实效。

第二,要以青岛浮山生态公园为示范样板,充分利用自然优势,在各街道建立生态公园,给社区居民提供活动场所。各社区可以参照街道办事处的统一标准样式,在各社区建立小型的生态公园,鼓励社区居民在自家院内院外种植花草,可以由街道免费给社区居民提供种子、树苗。继续进行"美丽庭院"建设,按照相关标准逐户进行发展,在发展过程中要与农户家的实际情况相联系,庭院建设一定要适合农户家的特点,要突出特色,把农村社区建设得更加美丽。

第三,做好河道的治理工作。崂山区要在前期开展的"清河行动月"活动的基础上,认真做好专项整治活动,要安排专员做好日常巡查工作,坚决制止居民将建筑垃圾倒入河内。街道要在两岸安装栏杆,达到"河畅、水清、岸绿、景美"的目标。

第四,积极推行垃圾分类工作。实行垃圾分类,对于保护生态资源环境极为重要。崂山区要组织各方面的力量,让农村居民养成一个好习惯。社区干部、党员要带头,做表率。崂山区还要充分利用市场的力量,鼓励企业进行投资,建立建筑垃圾、大件垃圾及厨余垃圾处置工厂,实现"三种垃圾"就地处置减量和资源化再利用。

第五，以景区为重点，实施资源分类保护。结合峰岭、山崖特点，制定保护措施与游赏方式，保护风景区资源主体不受破坏，合理利用。必要的游览设施应隐蔽设置，尽量不影响景观，设施本身应便于拆除维修，拆除后不会对环境造成破坏。必须增设的建筑、石刻，应在选址、体量、风格、题材等方面进行充分论证，做到少而精。山体主要植物景观应能起到烘托主景的作用，必要时采取人工修剪、定向培育的手段进行环境绿化。对风景区内的基岩海岸、海滨沙滩、海岛礁岩、泉溪水库进行重点保护，严禁污水排入景区，保护水体周边植被、地质地貌和生态系统，使其不受破坏。应用现有设施，增设小型污水处理设施，对景区污水进行处理。确定水体承载容量，控制游人规模，减少生态环境负荷。加强对流域范围内水土保持与水源涵养，完善沿岸绿地建设，开展退耕还林、生态果园建设。景区内严禁发展污染环境的项目与生产活动，严格控制景区内人口规模，采取政策引导措施，鼓励居民外迁。结合林场改革，编制植被保护规划、林业发展规划，加强林木抚育，实施林相改造。编制《崂山国家森林公园总体规划》，加快九水、凉泉等崂山珍稀树种保护示范基地建设。完善现有古树名木详细档案，定牌确定保护范围，实现精准保护。建立人工普查、物理监测和生物防治三道防线，实施全天候的监控和防治，加大崂山森林病虫害治理力度，充分有效保护景区森林资源。严禁砍伐、攀折、破坏古树名木，适当设立护栏、安装防雷装置。全面贯彻"保护为主、抢救第一、合理利用、加强管理"的工作方针，切实加大崂山文物保护力度。开展文物古迹和摩崖石刻普查工程，建立文保档案，夯实文保基础。完成太清宫三防工程，加强文保单位的防火、游人疏导与环境整治，保护古建筑的原始风貌和景观价值。寺庙修缮必须保持原有风貌，庙宇修复时应处理好与周边景物的关系。同时有效保护古迹、寺庙等文物保护单位周边的环境。完成重点摩崖石刻清杂维护，提升崂山旅游文化品位。逐步开展景区内村庄保护试点规划工作，指导村庄保护与开发。传统村庄建筑严格限制层高，建筑应结合地形布设，并保留自然景观视廊，建筑外饰面与房顶应保持本土特色。增加村庄绿化覆盖率，院墙、栏杆尽量应用攀缘植物进行绿化。村庄整体面貌应达到绿树掩映的景观效果。

第六节　做好景区和社区融合发展工作

第一，推进景区社区整体规划统筹管理。

结合崂山区美丽乡村总体规划，加强美丽乡村建设，将景区与社区作为整体进行规划。配套自来水、电力、交通等基础设施，改善社区生活及旅游环境。探索在王哥庄街道核心区、北宅街道核心区、沙子街道核心区集中建设安置周转房，出台鼓励核心景区内居民外迁的相关政策。

第二，加强景区资源与外围社区的协调。

构筑旅游景区与外围社区可持续发展的协调合作机制，统筹核心景区与外围社区规划建设与管理，充分考虑外围社区及居民的发展诉求，发挥旅游景区的极化与扩散效应，带动外围社区的功能调整与产业升级。发挥外围社区的资源优势与开放空间优势，以丰富优化旅游产品、提升旅游服务功能，降低景区的开发压力。对景区与外围社区实行有效管理，保持旅游与自然生态环境的平衡发展，达到可持续发展的目的。以社区产业融入景区发展为目标，统筹景区内外资源开发利用，避免景区内外"两重天"，加强景区周边社区功能完善与环境提升，形成"一切资源皆为旅游资源，人人都是旅游形象，处处都是旅游环境"的旅游业发展新气象。

第三，实现核心景区与内部社区的共建。

深化景区三级帮联社区机制，打造"仙居崂山"度假品牌。统筹集中社区居民闲置房产，由景区统一规划设计、统一经营管理，打造富有传统渔家风情和崂山民俗文化的旅游民宿项目。结合景区内传统村落人文、环境特点，打造马鞍子等中高端村落民俗酒店。整合利用景区内闲置房屋等资产，建设垭口、太清、九水等精品特色酒店。积极探索利用互联网手段和旅游集团平台，整合升级景区内农家宴、农家旅馆资源，提升景区旅游接待水平，借鉴东麦窑等社区的开发模式，对乡村建筑进行改造升级，整治村庄生态环境，达到《山东省好客人家农家乐等级划分与评定办法与标准》要求。开展村庄风貌与环境的治理工作，建设美丽山村，实现社区环境景区化。

第四,达成景区与内部社区利益的共享。

通过建立景区与社区利益共同体机制,解决景区与内部社区两个利益主体之间的冲突与矛盾,探索允许当地社区居民以住宅使用权以及茶园、果树承包权等财产入股,以崂山旅游集团为平台,共同合作,共享景区开发收益,进一步体现旅游在人们新财富革命中的价值。通过发展旅游实现景区与社区居民双赢,同时给游客提供更和谐的旅游体验和权利保障。在交通、住宿、导游等方面,充分考虑居民的就业、保障等方面需要,通过统一的规范培训,协调好各方面的利益,构建景区社区利益共同体、命运共同体、责任共同体。

第七节　规范乡村旅游市场管理工作

乡村旅游市场管理规范化、有序化,对于促进乡村旅游持续健康发展具有重要意义。

第一,对乡村旅游市场管理的规范性文件进行完善。要针对地区的实际情况,按照国家相关政策规定,对乡村旅游市场管理方面的文件进行制定或者完善,使政府相关部门能够对乡村旅游经营活动进行有效的、符合实际的管理。

第二,进一步提高农家宴管理水平。市场管理相关部门要组织人员进行联合检查,要定期深入农家宴经营户中进行检查指导。对于发现的问题,如价格、卫生、服务等方面,要安排专业人员进行现场指导,促使其更好地发展。

第三,坚决制止乱搭乱建问题。对于农村社区出现的违章建筑问题,要坚决处理,要根据旅游发展规划,积极推进"美丽乡村"建设,为乡村旅游创造一个美丽、整洁的环境。

国务院关于印发"十四五"旅游业发展规划的通知

国发〔2021〕32号

各省、自治区、直辖市人民政府，国务院各部委、各直属机构：

现将《"十四五"旅游业发展规划》印发给你们，请认真贯彻执行。

国务院

2021年12月22日

"十四五"旅游业发展规划

"十四五"旅游业发展规划为贯彻落实《中华人民共和国国民经济和社会发展第十四个五年规划和 2035 年远景目标纲要》,根据《中华人民共和国旅游法》,制定本规划。

一、发展环境

(一)发展成就。"十三五"时期,在以习近平同志为核心的党中央坚强领导下,全国文化和旅游行业坚持稳中求进工作总基调,贯彻落实新发展理念,坚持文化和旅游融合发展,加快推进旅游业供给侧结构性改革,繁荣发展大众旅游,创新推动全域旅游,着力推动旅游业高质量发展,积极推进旅游业进一步融入国家战略体系。旅游业作为国民经济战略性支柱产业的地位更为巩固。"十三五"以来,旅游业与其他产业跨界融合、协同发展,产业规模持续扩大,新业态不断涌现,旅游业对经济平稳健康发展的综合带动作用更加凸显。旅游成为小康社会人民美好生活的刚性需求。"十三五"期间年人均出游超过 4 次。人民群众通过旅游饱览祖国秀美山河、感受灿烂文化魅力,有力提升了获得感、幸福感、安全感。旅游成为传承弘扬中华文化的重要载体。文化和旅游深度融合、相互促进,红色旅游、乡村旅游、旅游演艺、文化遗产旅游等蓬勃发展,旅游在传播中华优秀传统文化、革命文化和社会主义先进文化方面发挥了更大作用。旅游成为促进经济结构优化的重要推动力。各省、自治区、直辖市和重点旅游城市纷纷将旅游业作为主导产业、支柱产业、先导产业，放在优先发展的位置，为旅游业营造优质发展环境。旅游成为践行"绿水青山就是金山银山"理念的重要领域。各地区在严格保护生态的前提下，科学合理推动生态产品价值实现，走出了一条生态优先、绿色发展的特色旅游道路。旅游成为打赢脱贫攻坚战和助力乡村振兴的重要生力军。各地区在推进脱贫攻坚中，普遍依托红色文化资源和绿色生态资源大力发展乡村旅游，进一步夯实了乡村振兴的基础。旅游成为加强对外交流合作和提升国家文化软实力的重要渠道。"十三五"期间，出入境旅游发展健康有序，年出入境旅游总人数突破 3 亿人次。"一带一路"旅游合作、亚洲旅游促进计划等向纵深发展，旅游在讲好中国故事、展示"美丽中国"形象、促进人文交流方面发挥着重要作用。

（二）面临的发展机遇和挑战。"十四五"时期，我国将全面进入大众旅游时代，旅游业发展仍处于重要战略机遇期，但机遇和挑战都有新的发展变化。进入新发展阶段，旅游业面临高质量发展的新要求。全面建成小康社会后，人民群众旅游消费需求将从低层次向高品质和多样化转变，由注重观光向兼顾观光与休闲度假转变。大众旅游出行和消费偏好发生深刻变化，线上线下旅游产品和服务加速融合。大众旅游时代，旅游业发展成果要为百姓共享，旅游业要充分发挥为民、富民、利民、乐民的积极作用，成为具有显著时代特征的幸福产业。构建新发展格局有利于旅游业发挥独特优势，也对旅游业提出了扩大内需的重要任务。加快构建以国内大循环为主体、国内国际双循环相互促进的新发展格局，需要充分利用旅游业涉及面广、带动力强、开放度高的优势，将其打造成为促进国民经济增长的重要引擎。同时，要切实加大改革开放力度，更好发挥旅游业作用，为加快释放内需潜力、形成强大国内市场、畅通国民经济循环贡献更大力量。实施创新驱动发展战略为旅游业赋予新动能，也对旅游业提出了创新发展的新要求。坚持创新在现代化建设全局中的核心地位，推动新一轮科技革命和产业变革深入发展，将深刻影响旅游信息获取、供应商选择、消费场景营造、便利支付以及社交分享等旅游全链条。同时，要充分运用数字化、网络化、智能化科技创新成果，升级传统旅游业态,创新产品和服务方式,推动旅游业从资源驱动向创新驱动转变。建设文化强国为旅游业明确了发展方向,也需要旅游业更加主动发挥作用。推进文化强国建设,要求坚持以文塑旅、以旅彰文,推进文化和旅游融合发展。同时,要充分发挥旅游业在传播中国文化、展示现代化建设成就、培育社会主义核心价值观方面的重要作用。强化系统观念有利于旅游业全面协调可持续发展,也对旅游业提出了统筹发展和安全的新任务。加强前瞻性思考、全局性谋划、战略性布局、整体性推进,发挥好中央、地方和各方面积极性,实现发展质量、结构、规模、速度、效益、安全相统一,有利于为旅游业营造更具活力的发展环境、提供更可持续的发展动力、形成更具国际竞争力的发展优势。同时,要统筹发展和安全两件大事,注重防范和化解风险,守住疫情防控底线、安全生产底线、生态安全底线、意识形态安全底线。当今世界正经历百年未有之大变局,国际环境严峻复杂,新冠肺炎疫情影响广泛深远,全球旅游业不确定性明显增加。国内发展环境也经历着深刻变化,旅游业发展不平衡不充分的问题仍然突出,距离满足人民对美好生活的新期待还有一定差距,旅游需求尚未充分释放,旅游业供给侧结构性改革任务依然较重,创新动能尚显不足,治理能力和水平需进一步提升,国际竞争力和影响力需进一步强化。

二、总体要求

(一)指导思想。高举中国特色社会主义伟大旗帜,全面贯彻党的十九大和十九届历次全会精神,坚持以习近平新时代中国特色社会主义思想为指导,坚持稳中求进工作总基调,以推动旅游业高质量发展为主题,以深化旅游业供给侧结构性改革为主线,注重需求侧管理,以改革创新为根本动力,以满足人民日益增长的美好生活需要为根本目的,坚持系统观念,统筹发展和安全、统筹保护和利用,立足构建新发展格局,在疫情防控常态化条件下创新提升国内旅游,在国际疫情得到有效控制前提下分步有序促进入境旅游、稳步发展出境旅游,着力推动文化和旅游深度融合,着力完善现代旅游业体系,加快旅游强国建设,努力实现旅游业更高质量、更有效率、更加公平、更可持续、更为安全的发展。

（二）基本原则。——坚持以文塑旅、以旅彰文。以社会主义核心价值观为引领，让旅游成为人们感悟中华文化、增强文化自信的过程，推动旅游业实现社会效益和经济效益有机统一。——坚持系统观念、筑牢防线。牢固树立安全意识，切实做好防范化解重大风险工作。充分认识做好新冠肺炎疫情防控工作事关旅游业发展全局，将疫情防控要求贯彻到旅游业各环节、各领域，坚决切断疫情通过旅游渠道传播的链条。——坚持旅游为民、旅游带动。以人民为中心，更好满足大众特色化、多层次旅游需求，发挥旅游业综合带动作用，释放"一业兴、百业旺"的乘数效应，创造更多就业创业机会，更好服务经济社会发展。——坚持创新驱动、优质发展。服务构建新发展格局，创新体制机制，广泛应用先进科技，推动旅游业态、服务方式、消费模式和管理手段创新提升，发展智慧旅游。——坚持生态优先、科学利用。尊重自然、顺应自然、保护自然，牢牢守住生态底线，增强生态文明意识，合理利用自然资源，加快推动绿色低碳发展。

（三）发展目标。到2025年，旅游业发展水平不断提升，现代旅游业体系更加健全，旅游有效供给、优质供给、弹性供给更为丰富，大众旅游消费需求得到更好满足。疫情防控基础更加牢固，科学精准防控要求在旅游业得到全面落实。国内旅游蓬勃发展，出入境旅游有序推进，旅游业国际影响力、竞争力明显增强，旅游强国建设取得重大进展。文化和旅游深度融合，建设一批富有文化底蕴的世界级旅游景区和度假区，打造一批文化特色鲜明的国家级旅游休闲城市和街区，红色旅游、乡村旅游等加快发展。旅游创新能力显著提升，旅游无障碍环境建设和服务进一步加强，智慧旅游特征明显，产业链现代化水平明显提高，市场主体活力显著增强，旅游业在服务国家经济社会发展、满足人民文化需求、增强人民精神力量、促进社会文明程度提升等方面作用更加凸显。展望2035年，旅游需求多元化、供给品质化、区域协调化、成果共享化特征更加明显，以国家文化公园、世界级旅游景区和度假区、国家级旅游休闲城市和街区、红色旅游融合发展示范区、乡村旅游重点村镇等为代表的优质旅游供给更加丰富，旅游业综合功能全面发挥，整体实力和竞争力大幅提升，基本建成世界旅游强国，为建成文化强国贡献重要力量，为基本实现社会主义现代化做出积极贡献。

三、坚持创新驱动发展强化自主创新，集合优势资源，结合疫情防控工作需要，加快推进以数字化、网络化、智能化为特征的智慧旅游，深化"互联网＋旅游"，扩大新技术场景应用

（一）推进智慧旅游发展。创新智慧旅游公共服务模式，有效整合旅游、交通、气象、测绘等信息，综合应用第五代移动通信（5G）、大数据、云计算等技术，及时发布气象预警、道路通行、游客接待量等实时信息，加强旅游预约平台建设，推进分时段预约游览、流量监测监控、科学引导分流等服务。建设旅游监测设施和大数据平台，推进"互联网＋监管"，建立大数据精准监管机制。打造一批智慧旅游城市、旅游景区、度假区、旅游街区，培育一批智慧旅游创新企业和重点项目，开发数字化体验产品，发展沉浸式互动体验、虚拟展示、智慧导览等新型旅游服务，推进以"互联网＋"为代表的旅游场景化建设。提升旅游景区、度假区等各类旅游重点区域 5G 网络覆盖水平。推动停车场、旅游集散中心、旅游咨询中心、游客服务中心、旅游专用道路、旅游厕所及旅游景区、度假区内部引导标识系统等数字化、智能化改造升级。通过互联网有效整合线上线下资源，促进旅行社等旅游企业转型升级，鼓励旅游景区、度假区、旅游饭店、主题公园、民宿等与互联网服务平台合作建设网上旗舰店。鼓励依法依规利用大数据等手段，提高旅游营销传播的针对性和有效性。

（二）加快新技术应用与技术创新。加快推动大数据、云计算、物联网、区块链及 5G、北斗系统、虚拟现实、增强现实等新技术在旅游领域的应用普及，以科技创新提升旅游业发展水平。大力提升旅游服务相关技术，增强旅游产品的体验性和互动性，提高旅游服务的便利度和安全性。鼓励开发面向游客的具备智能推荐、智能决策、智能支付等综合功能的旅游平台和系统工具。推进全息展示、可穿戴设备、服务机器人、智能终端、无人机等技术的综合集成应用。推动智能旅游公共服务、旅游市场治理"智慧大脑"、交互式沉浸式旅游演艺等技术研发与应用示范。积极发展旅游资源保护与开发技术，重点推进旅游资源普查、旅游资源安全防护、文物和文化资源数字化展示、创意产品开发、游客承载量评估、旅游信用评估、智能规划设计与仿真模拟、旅游安全风险防范等技术研发和应用示范。推进物联网感知设施建设,加强对重要旅游资源、重点设施设备的实时监测与管理,推动无人化、非接触式基础设施应用。促进旅游装备技术提升,重点推进夜间旅游装备、旅居车及营地、可移动旅居设备、游乐游艺设施设备、冰雪装备、邮轮游艇、低空旅游装备、智能旅游装备、旅游景区客运索道等自主创新及高端制造。

(三)提高创新链综合效能。加强旅游大数据基础理论研究,推动区域性和专题性旅游大数据系统建设,推动建立一批旅游技术重点实验室和技术创新中心,遴选认定一批国家旅游科技示范园区,全面提升旅游科技创新能力,形成上下游共建的创新生态。各地区要建立旅游部门与公安、交通运输、统计、市场监管、金融、工业和信息化等部门数据共享机制,整合共享文化和旅游各信息系统,健全旅游统计指标体系,提高旅游统计的准确性、科学性,深化旅游统计应用和大数据决策支撑,加强旅游产业运行监测,并做好与本地区疫情防控管理平台的衔接,提升旅游监管和信息公共服务水平。贯彻落实国家网络安全等级保护制度,加强数据安全管理,建立完善数据采集、传输、存储、使用等各环节安全保护制度措施,防范数据泄露、篡改和滥用。推动政府、企业、高校、科研院所等主体间资源整合联动,构建开放高效的协同创新网络,鼓励开展旅游应用创新合作,支持一批旅游科技创新工程项目。实施创新型旅游人才培养计划。

四、优化旅游空间布局依据相关规划,落实区域重大战略、区域协调发展战略"十四五"规划重点任务、主体功能区战略,整合跨区域资源要素,促进城乡、区域协调发展,构建推动高质量发展的旅游空间布局和支撑体系

(一)构建旅游空间新格局。综合考虑文脉、地脉、水脉、交通干线和国家重大发展战略,统筹生态安全和旅游业发展,以长城、大运河、长征、黄河国家文化公园和丝绸之路旅游带、长江国际黄金旅游带、沿海黄金旅游带、京哈—京港澳高铁沿线、太行山—武陵山、万里茶道等为依托,构建"点状辐射、带状串联、网状协同"的全国旅游空间新格局。健全京津冀协同发展、长江经济带发展、粤港澳大湾区建设、长三角一体化发展、黄河流域生态保护和高质量发展等区域重大战略旅游协调机制，推进跨行政区域旅游资源整合利用。加强区域旅游品牌和服务整合，支持京张体育文化旅游带、黄河文化旅游带、巴蜀文化旅游走廊、杭黄自然生态和文化旅游廊道、太行山区等旅游发展。持续推进跨区域特色旅游功能区建设。继续推出一批国家旅游风景道和自驾游精品线路，打造一批世界级、国家级旅游线路。鼓励各地区因地制宜实现差异化发展。东部地区加快推进旅游现代化建设，建立完善休闲度假体系，提升旅游核心竞争力。中部地区加快完善旅游业体系，加大旅游资源整合力度，促进旅游品牌升级。西部地区发挥自然生态、民族民俗、边境风光等方面优势，加强旅游基础设施和公共服务体系建设，发展特色旅游。东北地区推进旅游业转型升级，提升旅游服务水平，大力发展寒地冰雪、生态旅游等特色产业，打造具有国际影响力的冰雪旅游带。国家在政策、品牌创建、市场对接等方面加大对中西部和东北地区的支持，进一步促进区域旅游协调发展。支持革命老区、民族地区、边疆地区和欠发达地区发挥特色旅游资源优势，加快旅游产品培育，打造一批红色旅游融合发展示范区、休闲农业重点县、美丽休闲乡村、少数民族特色村镇、民族文化旅游示范区、边境旅游试验区和跨境旅游合作区。推进新藏滇桂边境旅游带等建设。实施"旅游促进各民族交往交流交融计划"，推动各民族在空间、文化、经济、社会、心理等方面全方位嵌入，增进各族群众民生福祉，铸牢中华民族共同体意识。继续加强"三区三州"旅游大环线建设和品牌打造，优化提升丝路文化经典线、边境极限体验线、滇藏茶马古道寻踪线、大香格里拉人间乐土线。边境地区在发展旅游业的同时，要守好外防输入的第一道防线，建立健全专门防控机制，压实旅游经营者主体责任和行业监管责任，防止疫情通过边境旅游传入境内。

（二）优化旅游城市和旅游目的地布局。建设一批旅游枢纽城市，逐步完善综合交通服务功能，提升对区域旅游的辐射带动作用。支持桂林等地建设世界级旅游城市，打造一批重点旅游城市、特色旅游地。突出重点，发挥优势，分类建设一批特色旅游目的地。依托全国红色旅游经典景区，弘扬伟大建党精神、井冈山精神、长征精神、延安精神、西柏坡精神等革命精神，打造一批红色旅游目的地。依托世界文化遗产、国家历史文化名城及各级文物保护单位等，在加强保护基础上切实盘活用好各类文物资源，打造一批历史文化旅游目的地。依托特色地理景观、自然资源和生态资源，完善综合服务功能，建设一批山岳、海岛、湿地、冰雪、草原、沙漠、湖泊、温泉、康养等旅游目的地。推进河北雄安新区旅游创新发展，加快海南国际旅游消费中心、平潭国际旅游岛建设。

（三）优化城乡旅游休闲空间。推动更多城市将旅游休闲作为城市基本功能，充分考虑游客和当地居民的旅游休闲需要，科学设计布局旅游休闲街区，合理规划建设环城市休闲度假带，推进绿道、骑行道、游憩道、郊野公园等建设，提升游客体验，为城乡居民"微度假""微旅游"创造条件。在城市群规划建设中，立足满足同城化、一体化旅游休闲消费需求，科学布局并配套完善旅游休闲功能区域，优先保障区域旅游休闲重大项目，做好交通衔接和服务配套。在城镇规划布局中，围绕推进以人为核心的新型城镇化和美丽乡村建设，提高空间配置效率，优化旅游休闲功能，合理规划建设特色旅游村镇，因地制宜推动乡村旅游差异化、特色化发展，推进多元功能聚合，营造宜居宜业宜游的休闲新空间。

五、构建科学保护利用体系坚持文化引领、生态优先，把文化内涵融入旅游业发展全过程。坚持"绿水青山就是金山银山"理念，通过发展旅游业促进人与自然和谐共生，稳步推进国家文化公园、国家公园建设，打造人文资源和自然资源保护利用高地

（一）保护传承好人文资源。坚持保护优先，在保护中发展、发展中保护，以优秀人文资源为主干，深入挖掘和阐释其中的文化内涵，把历史文化与现代文明融入旅游业发展，提升旅游品位，在依法保护管理、确保文物安全的前提下，推动将更多的文物和文化资源纳入旅游线路、融入旅游景区景点，积极传播中华优秀传统文化、革命文化和社会主义先进文化。深入推进中华文化资源普查工程，协同推进旅游资源普查工作。加强石窟寺保护展示，推进大遗址保护利用和国家考古遗址公园建设,合理配套旅游服务功能。推动革命文物集中连片保护利用和党史文物保护展示,提升重大事件遗迹、重要会议遗址、重要机构旧址、重要人物旧居保护展示水平。推动有条件的文博单位增强旅游服务功能,提高展陈水平。依托非遗馆、非遗传承体验中心(所、点)、非遗工坊等场所培育一批非遗旅游体验基地,推动非遗有机融入旅游产品和线路,实现更好传承传播。对代表社会主义建设成就重大工程项目进行合理旅游开发,深入挖掘其中蕴含的精神内涵。创新"四个共同"的中华民族历史观在旅游景区景点展陈方式,向游客讲好中华民族共同体故事。

(二)保护利用好自然资源。贯彻落实习近平生态文明思想,坚持生态保护第一,适度发展生态旅游,实现生态保护、绿色发展、民生改善相统一。充分考虑生态承载力、自然修复力,推进生态旅游可持续发展,推出一批生态旅游产品和线路,加强生态保护宣传教育,让游客在感悟大自然神奇魅力的同时,自觉增强生态保护意识,形成绿色消费和健康生活方式。积极运用技术手段做好预约调控、环境监测、流量疏导,将旅游活动对自然环境的影响降到最低。

(三)创新资源保护利用模式。推进国家文化公园建设,生动呈现中华文化的独特创造、价值理念和鲜明特色,树立和突出各民族共享的中华文化符号和中华民族形象,探索新时代文物和文化资源保护传承利用新路径,把国家文化公园建设成为传承中华文明的历史文化走廊、中华民族共同精神家园、提升人民生活品质的文化和旅游体验空间。加快建设长城、大运河、长征、黄河等国家文化公园,整合具有突出意义、重要影响、重大主题的文物和文化资源,重点建设管控保护、主题展示、文旅融合、传统利用四类主体功能区,实施保护传承、研究发掘、环境配套、文旅融合、数字再现五大工程,突出"万里长城""千年运河""两万五千里长征""九曲黄河"整体辨识度。推进优质文化旅游资源一体化开发,科学规划、开发文化旅游产品和商品。推出参观游览联程联运经典线路,开展整体品牌塑造和营销推介。推进以国家公园为主体的自然保护地体系建设,形成自然生态系统保护的新体制新模式。充分发挥国家公园教育、游憩等综合功能,在保护的前提下,对一些生态稳定性好、环境承载能力强的森林、草原、湖泊、湿地、沙漠等自然空间依法依规进行科学规划，开展森林康养、自然教育、生态体验、户外运动，构建高品质、多样化的生态产品体系。建立部门协同机制，在生态文明教育、自然生态保护和旅游开发利用方面，加强资源共享、产品研发、人才交流、宣传推介、监督执法等合作。

六、完善旅游产品供给体系立足健全现代旅游业体系，加快旅游业供给侧结构性改革，加大优质旅游产品供给力度，激发各类旅游市场主体活力，推动"旅游＋"和"＋旅游"，形成多产业融合发展新局面

（一）丰富优质产品供给。坚持精益求精，把提供优质产品放在首要位置，提高供给能力水平，着力打造更多体现文化内涵、人文精神的旅游精品，提升中国旅游品牌形象。坚持标准化和个性化相统一，优化旅游产品结构、创新旅游产品体系，针对不同群体需求，推出更多定制化旅游产品、旅游线路，开发体验性、互动性强的旅游项目。建设一批富有文化底蕴的世界级旅游景区和度假区。以世界遗产地、国家 5A 级旅游景区为基础，深入挖掘展示旅游资源承载的中华文化精神内涵，创新发展模式，完善标准指引，统筹资源利用，强化政策支持，保障要素配置，稳步推进建设，打造具有独特性、代表性和国际影响力的世界级旅游景区。以国家级旅游度假区及重大度假项目为基础，充分结合文化遗产、主题娱乐、精品演艺、商务会展、城市休闲、体育运动、生态旅游、乡村旅游、医养康养等打造核心度假产品和精品演艺项目，发展特色文创产品和旅游商品，丰富夜间文化旅游产品，烘托整体文化景观和浓郁度假氛围，培育世界级旅游度假区。打造一批文化特色鲜明的国家级旅游休闲城市和街区。以满足本地居民休闲生活与外地游客旅游度假需要为基础，培育文化特色鲜明、旅游休闲消费旺盛、生态环境优美的国家级旅游休闲城市。充分利用城市历史文化街区、公共文化设施、特色商业与餐饮美食等资源，加强文物和非物质文化遗产保护利用，突出地方文化特色，优化交通与公共服务设施配置，完善公共文化设施的旅游服务功能，鼓励延长各类具有休闲功能的公共设施开放时间，建设国家级旅游休闲街区。大力发展红色旅游。突出爱国主义和革命传统教育,坚持培育和践行社会主义核心价值观,有效提升红色旅游规范化发展水平。把伟大建党精神等党和人民在各个历史时期奋斗中形成的伟大精神融入线路设计、展陈展示、讲解体验中,讲好革命故事、根据地故事、英烈故事,让人民群众在旅游中接受精神洗礼、传承红色基因。结合党史学习教育开展"百名红色讲解员讲百年党史"系列活动,充分运用红色资源,推出"建党百年红色旅游百条精品线路",教育引导广大党员、干部坚定理想信念、筑牢初心使命。广泛开展红色旅游宣传推广活动,提升红色旅游发展活力和影响力。促进红色旅游与乡村旅游、生态旅游等业态融合,推出一批红色旅游融合发展示范区。持续优化建设 300 处红色旅游经典景区。积极发挥红色旅游巩固拓展脱贫攻坚成果作用,紧密结合革命老区振兴发展,依托当地红色文化等重要资源,培育壮大特色旅游产业,增进革命老区人民福祉。坚决反对庸俗、低俗、媚俗,防止过度商业化、娱乐化,防止打着红色旅游的旗号搞项目开发、偏离发展方向。规范发展乡村旅游。深入挖掘、传承提升乡村优秀传统文化,带动乡村旅游发展。完善乡村旅游政策保障体系,鼓励各地区因地制宜将乡村旅游纳入县域相关规划,统筹推进乡村旅游道路、停车场、厕所、污水垃圾处理设施等基础设施建设。实施乡村旅游精品工程,优化乡村旅游产品结构,丰富产品供给,推出一批全国乡村旅游重点村镇,打造全国乡村旅游精品线路,公布一批国际乡村旅游目的地,培育一批乡村旅游集聚区,构建全方位、多层次的乡村旅游品牌体系。建立健全利益联结机制,让农民更好分享旅游业发展红利,提升农民参与度和获得感。有效衔接乡村振兴战略,重点支持脱贫地区乡村旅游发展壮大。统筹用地、治安、消防、卫生、食品安全、环保等方面政策,落实乡村民宿经营主体房屋安全管理责任,推进乡村民宿高质量发展。加强典型示范、创新引领、动态管理,推进国家全域旅游示范区建设工作,完善协调机制,提升发展质量。推进自驾车旅居车旅游,实施自驾游推进计划,形成网络化的营地服务体系和比较完整的自驾车旅居车旅游产业链,推出一批自驾车旅居车营地和旅游驿站,合理确定营地和驿站疫情防控责任。加强管理服务,指导游客及时了解并自觉遵守出发地、途经地和目的地疫情防控最新政策。大力推进冰雪旅游发展,完善冰雪旅游服务设施体系,加快冰雪旅游与冰雪运动、冰雪文化、冰雪装备制造等融合发展,打造一批国家级滑雪旅游度假地和冰雪旅游基地。推动研学实践活动发展,创建一批研学资源丰富、课程体系健全、活动特色鲜明、安全措施完善的研学实践活动基地,为中小学生有组织研学实践活动提供必要保障及支持。鼓励非遗特色旅游景区发展。实施旅游商品创意提升行动,引导开发更多符合市场需求、更具文化内涵的旅游商品。完善邮轮游艇旅游、低空旅游等发展政策,推进海洋旅游、山地旅游、温泉旅游、避暑旅游、内河游轮旅游等业态产品发展。有序推进邮轮旅游基础设施建设,推进上海、天津、深圳、青岛、大连、厦门、福州等地邮轮旅游发展,推动三亚建设国际邮轮母港。推动内河旅游航道建设,支持在长江流域等有条件的江河湖泊发展内河游轮旅游,完善配套设施。推动游艇消费大众化发展,支持大连、青岛、威海、珠海、厦门、三亚等滨海城市创新游艇业发展,建设一批适合大众消费的游艇示范项目。选择一批符合条件的旅游景区、城镇开展多种形式的低空旅游,强化安全监管,推动通用航空旅游示范工程和航空飞行营地建设。

(二)增强市场主体活力。充分发挥各类市场主体投资旅游和创业创新的积极性,推动市场在旅游资源配置中起决定性作用和更好发挥政府作用。做强做优做大骨干旅游企业,稳步推进战略性并购重组和规模化、品牌化、网络化经营,培育一批大型旅游集团和有国际影响力的旅游企业。大力支持中小微旅游企业特色发展、创新发展和专业发展,营造公平竞争环境。支持旅游行业协会等中介组织积极发挥作用,为企业创业创新、交流合作、人才培养等提供平台服务。支持旅行社向"专业化、特色化、创新型"方向发展,实现旅行社经营向现代、集约、高效转变。积极促进在线旅游服务企业规范健康发展,不断提升产品创新能力和服务质量水平。着力扶持一批扎根农村、心系农民的乡村旅游企业,创新"企业＋农户""合作社＋农户"等经营模式,促进企业增效、农民增收,助力乡村振兴。支持旅游规划策划、创意设计、研发孵化、管理咨询、营销推广等专业机构和服务企业发展。加强旅游企业品牌建设。贯彻党中央、国务院关于统筹推进新冠肺炎疫情防控和经济社会发展工作的决策部署,及时全面落实减税降费政策,充分利用好各项扶持政策,切实为旅游市场主体纾困解难，积极探索支持市场主体发展的新思路、新举措。各地区要结合本地区实际进一步研究出台有针对性的支持措施，综合运用各类政策工具支持旅游企业发展。引导旅游企业主动适应疫情防控常态化条件下的市场需求变化，及时调整生产经营策略，积极探索新发展模式，创新有效匹配市场需求的产品和服务。

（三）推进"旅游＋"和"＋旅游"。加强文化和旅游业态融合、产品融合、市场融合、服务融合，促进优势互补、形成发展合力。推进国家文化产业和旅游产业融合发展示范区建设。促进旅游演艺提质升级，支持各级各类文艺表演团体、演出经纪机构、演出场所经营单位参与旅游演艺发展，创新合作模式，提升创作质量，推广一批具有示范意义和积极社会效应的旅游演艺项目。实施文化和旅游创意产品开发提升工程，支持博物馆、文化馆、图书馆、美术馆、非遗馆、旅游景区开发文化和旅游创意产品，推进"创意下乡""创意进景区"，在文化文物单位中再确定一批文化创意产品开发试点单位，推广试点单位经验，建立完善全国文化和旅游创意产品开发信息名录。发挥旅游市场优势，推进旅游与科技、教育、交通、体育、工业、农业、林草、卫生健康、中医药等领域相加相融、协同发展，延伸产业链、创造新价值、催生新业态，形成多产业融合发展新局面。依托重大科技工程及成果，加强科技场馆利用，大力发展科技旅游。依托博物馆、非遗馆、国家文化公园、世界文化遗产地、文物保护单位、红色旅游景区等资源发展文化遗产旅游。加快建设国家旅游风景道、旅游主题高速公路服务区、旅游驿站，推动地方政府和中国国家铁路集团有限公司建立平台，合力打造主题旅游列车，推进旅游和交通融合发展。实施体育旅游精品示范工程，以北京冬奥会、冬残奥会等重大体育赛事为契机，打造一批有影响力的体育旅游精品线路、精品赛事和示范基地，规范和引导国家体育旅游示范区建设。建设一批休闲农业重点县，加大美丽休闲乡村、休闲农业精品景点线路推介，加强重要农业文化遗产挖掘、保护、传承和利用，建立完善乡村休闲旅游服务标准体系。依托森林等自然资源，引导发展森林旅游新业态新产品，加大品牌建设和标准化力度，有序推进国家森林步道建设。促进水利风景区高质量发展。提高海洋文化旅游开发水平，推动无居民海岛旅游利用。鼓励依托工业生产场所、生产工艺和工业遗产开展工业旅游，建设一批国家工业旅游示范基地。鼓励各地区依托报废军事设施等开展国防军事旅游，建设一批国防军事旅游基地。推进港口历史文化展示区、港口博物馆建设，因地制宜发展港口游。加快推进旅游与健康、养老、中医药结合，打造一批国家中医药健康旅游示范区和示范基地。

七、拓展大众旅游消费体系围绕构建新发展格局，坚持扩大内需战略基点，推进需求侧管理，改善旅游消费体验，畅通国内大循环，做强做优做大国内旅游市场，推动旅游消费提质扩容，健全旅游基础设施和公共服务体系，更好满足人民群众多层次、多样化需求

（一）优化旅游消费环境。完善节假日制度，推动各地区制定落实带薪年休假具体办法。鼓励机关、社会团体、企事业单位引导职工灵活安排休假时间。在完成规定教育教学任务的前提下，各地区可结合实际开展研学实践教育活动。精心组织"中国旅游日"活动。鼓励制定实施旅游景区门票减免、淡季免费开放、演出票打折等补助政策，举办文化和旅游消费季、消费月等活动，推出更多旅游惠民措施。支持金融机构依法依规创新旅游消费支付方式。引导理性、绿色消费，发布文明旅游和绿色消费指南，倡导"光盘行动"，抵制餐饮浪费。

（二）拓展旅游消费领域。顺应大众旅游多样化、个性化消费需求，创新旅游消费场景，积极培育旅游消费新模式。推动旅游电子商务创新，促进线上线下旅游消费优势互补、融合发展。支持发展共享旅游消费，鼓励发展与自驾游、休闲度假相适应的租赁式公寓、共享汽车、异地还车等服务，因地制宜发展无接触旅游消费。积极发展夜间消费，鼓励文化和旅游场所在保证安全的基础上延长开放时间。推动传统商业综合体转型升级为文体商旅综合体，打造新型文化和旅游消费集聚区，推动建设国家文化和旅游消费试点城市、示范城市。保护发展老字号，鼓励有条件的城市打造老字号特色街区，支持老字号企业入驻商业街区、旅游景区，开设旗舰店、体验店，提升旅游购物品质。支持博物馆、文化馆、图书馆、美术馆、非遗馆、书店等文化场所增强旅游休闲功能，鼓励各地区利用工业遗址、老旧厂房开设文化和旅游消费场所。

（三）提升旅游消费服务。深入实施旅游服务质量提升行动，建立健全旅游市场服务质量评价体系，形成科学有效的服务监测机制。支持旅行社转型升级，提升旅游景区、旅游饭店、旅行社等服务水平。企事业单位对外接待游客，需明确负责旅游相关事务的部门。旅游景区等场所开展预约服务的同时，应保留人工窗口和电话专线，为老年人保留一定数量的线下免预约进入或购票名额，提供必要的信息引导、人工服务。切实加强导游队伍建设和管理，制定专项行动方案。优化导游职业资格准入管理，健全全国导游资格考试管理制度。统筹推进导游等级考评机制改革，探索构建导游服务综合评价体系，开展导游执业改革试点，拓宽导游执业渠道。着力提升导游服务质量，实施导游专业素养研培计划和"金牌导游"培养项目，建设"导游云课堂"线上培训平台，修订《导游服务规范》国家标准。加大导游执业激励力度，举办全国导游大赛，强化宣传引导，增强职业自信，树立行业新风。强化导游人员在旅游业疫情防控中的作用，明确导游人员在工作地区发生疫情时的处置要求，引导游客自觉服从防疫需要。推进红色旅游人才队伍建设，实施全国红色旅游五好讲解员培养项目，举办全国红色故事讲解员大赛，提升讲解员服务质量。鼓励专业研究人员、退休人员、在校学生等担任志愿讲解员。

（四）完善旅游公共服务设施。实施"十四五"时期文化保护传承利用工程，加大旅游基础设施建设支持力度，完善覆盖城乡、全民共享、实用便捷、富有特色的旅游基础设施网络。把旅游公共服务设施建设纳入新型基础设施建设计划。鼓励推行区域旅游景点套票、月票、年卡和旅游公交等服务。优化重点旅游区域机场布局，规划建设一批对沿线旅游发展具有重要促进作用的干线铁路、城际铁路和资源开发性支线铁路，强化交通网"快进慢游"功能，加强交通干线与重要旅游景区衔接，加强乡村旅游公路和旅游景区客运索道建设。完善公路沿线、服务区、客运枢纽、邮轮游艇码头等旅游服务设施功能，推进通用航空与旅游融合发展。健全重点旅游景区交通集散体系，鼓励发展定制化旅游运输服务。优化旅游公共服务设施布局，完善配套设施和功能。适应游客出行方式变化，加大面向散客的旅游公共服务力度。科学规划建设旅游景区停车场、内部交通、便民设施、标识标牌等,合理配置厕所、垃圾桶,建设一批示范性旅游厕所,进一步巩固旅游厕所革命成果。推动文化和旅游公共服务共建共享,探索建设一批文化和旅游综合服务设施。推动文化服务进旅游景区,在旅游设施、旅游服务中增加文化元素和内涵,体现人文关怀。充分考虑特殊群体需求,健全无障碍旅游公共服务标准规范,加强老年人、残疾人等便利化旅游设施建设和改造,推动将无障碍旅游内容纳入相关无障碍公共服务政策。

(五)创新旅游宣传推广。围绕"旅游是一种生活、学习和成长方式"的理念加强宣传推广,进一步挖掘国内旅游市场潜力,营造良好社会氛围。引导支持地方加强国内旅游宣传推广活动评估。强化品牌引领,实施国家旅游宣传推广精品建设工程。创新国内旅游宣传推广体制机制,推进现代化、市场化、专业化运营。支持建设一批旅游营销创新基地,孵化一批具有较高传播力和影响力的旅游品牌。推动旅游宣传推广与城市经济发展、节庆品牌塑造、商务环境改善等互动发展和一体发展。创新办好中国旅游产业博览会、中国(武汉)文化旅游博览会、中国义乌文化和旅游产品交易博览会、中国体育旅游博览会、中国森林旅游节。加强新媒体宣传推广,推动跨区域旅游创新协同和支持机制建设,实施旅游宣传推广联盟示范建设专项行动。

八、建立现代旅游治理体系坚持依法治旅,加强旅游信用体系建设,依法落实旅游市场监管责任,健全旅游市场综合监管机制,提升旅游市场监管执法水平,倡导文明旅游,促进满足人民文化需求和增强人民精神力量相统一

(一)推进依法治旅。加强旅游领域法治建设,进一步贯彻落实《中华人民共和国旅游法》《旅行社条例》《中国公民出国旅游管理办法》《导游人员管理条例》等法律、行政法规,根据需要适时开展修订工作。深入推进"放管服"改革,优化旅行社和导游行政审批服务。加强商标注册知识培训和宣传,引导地方政府、行业协会积极注册当地旅游品牌商标。健全旅游标准化工作机制和协调机制,加快相关国家标准制修订,完善行业标准、地方标准,推动企业标准和团体标准发展,提升标准质量,加强标准宣传贯彻和实施情况分析,继续在旅游领域开展标准化试点示范建设,推动旅游标准国际化。提升旅游市场监管能力,落实"双随机、一公开"监管要求,持续加大旅游市场监管执法力度,健全旅游服务质量监管体系,完善旅游投诉处理和服务质量监督机制,充分发挥地方"12345"政务服务便民热线作用,及时处理游客投诉举报,保护广大游客合法权益。加强大数据分析应用,发挥旅游投诉数据的预警监督作用,以解决投诉问题为导向助推旅游服务质量提升。建立健全旅游投诉纠纷调解与司法仲裁衔接机制。加强在线旅游企业监管,研究制定在线旅游市场管理服务的规范标准,提升行业规范水平。创新推进线上线下监测评估,提升旅游市场问题发现能力。规范旅游景区和旅游经营者价格行为,依法查处打击价格串通、哄抬价格等行为。加强旅游景区门票、观光购物等价格管理,重点查处国有旅游景区不执行政府规定的价格水平和浮动幅度、擅自增设收费项目、通过违规设置"园中园"门票等形式变相提高门票价格、捆绑销售、不按规定明码标价、不执行优惠措施、价外加价等行为。及时查处整治不合理低价游、线上线下虚假宣传、商业贿赂等旅游市场突出问题,严厉打击各类违法违规经营行为,维护旅游市场秩序。坚持正确的历史观、民族观、国家观、文化观,加强对旅游场所、旅游项目、旅游活动的导向把关,高扬主旋律、传播正能量。

(二)加强旅游安全管理。把落实安全责任贯穿旅游业各领域全过程。推动构建旅游安全保障体系,强化预防、预警、救援、善后机制,健全突发事件应对机制,加强节假日等重点时段、重点环节、重要设施设备、重大旅游节庆活动及高风险项目等安全监管,强化旅游企业特种设备运行安全、食品安全等主体责任。加强灾害事故重大风险防范和涉旅突发事件应对,及时调整完善相关应急预案,有效开展应对重大疫情、突发灾情、设施停运、恶劣气候等特殊情况的演练。指导旅游场所进一步加强消防基础设施建设,落实消防安全主体责任,强化火灾自防自救宣传,提升消防安全管理水平。鼓励保险公司创新开发针对性旅游保险产品,提升保险理赔服务水平。鼓励旅行社、旅游场所、旅客等相关主体投保旅游保险产品,扩大旅游保险覆盖面。加强对游客的安全引导和提示,指导旅游企业加强安全培训和应急演练,鼓励旅游企业建立兼职应急救援队伍,完善紧急救援联动机制。加强对旅游业从业人员的健康监测,督促其做好个人防护。针对因疫情防控需要滞留本地区游客的管理服务工作,各地区要研究制定相关预案,在防止疫情扩散的同时保障游客权益。

(三)提升旅游市场信息化监管水平。加强旅游业大数据应用,推进旅游数据规范化、标准化建设。落实"放管服"改革要求,发挥技术手段在优化审批服务、加强事中事后监管中的作用。加强全国旅游监管服务平台、全国文化市场技术监管与服务平台的数据归集、信息整合,构建旅游市场监管业务全量覆盖、监管信息全程跟踪、监管手段动态调整的智慧监管平台。在现有旅游统计体系基础上,构建以行业监管大数据为基础的旅游市场经济运行监测体系,增强动态监测能力。逐步建立旅游市场风险预警工作机制,构建旅游市场风险预警模型,稳步实现监管数据可分析、市场风险可预警、监管工作可联动,有效防控疫情,提升风险管理水平。

(四)推进旅游信用体系建设。依法依规完善旅游市场信用监管制度,建立旅游市场信用监管工作综合协调机制,改造升级全国旅游监管服务平台信用管理系统,加强信用信息归集、公示和共享,建立完善旅游市场主体和从业人员信用档案。鼓励旅游市场主体主动向社会作出信用承诺,支持旅游行业协会等建立健全行业内信用承诺制度。研究制定旅游企业信用评价规范,组织开展企业信用评价,依托信用评价结果实施分级分类监管。依法依规公布失信名单,强化失信惩戒。研究建立保护市场主体权益的信用修复机制。拓展信用应用场景,将守信情况纳入旅游景区、星级饭店、等级民宿、旅行社、在线旅游平台等评定和项目招投标。树立一批诚信典型,探索开展旅游市场信用经济发展试点工作。

(五)推进文明旅游。倡导文明旅游实践,培育文明旅游活动品牌。整治旅游中的顽疾陋习,树立文明、健康、绿色旅游新风尚。提高旅游从业人员文明素质,树立行业先进典型,推进《文明旅游示范单位要求与评价》等标准实施,把旅游业建成精神文明窗口。加强部门合作,推进文明旅游宣传教育、规范约束和社会监督。鼓励各地区开办旅游类专业节目栏目,加强旅游公益广告创作播出,积极发布旅游相关提示消息,做好正面宣传,引导理性维权。通过网络平台、讲解员、志愿者等多渠道进行文明提示,重点加强对散客、自驾游客等的安全文明引导。推进旅游志愿者队伍建设,在旅游公共场所建立志愿服务站点,组织志愿者开展文明引导、文明劝导,传递文明旅游新理念、新风尚。将自觉服从疫情防控要求作为文明旅游的重要内涵。倡导长途、跨省游客返程后主动做核酸检测。去往边境口岸地区的游客要自觉遵守国家关于加强口岸城市新冠肺炎疫情防控工作的规定。鼓励全程佩戴口罩。游客发生干咳、发烧等疑似新冠肺炎症状时,要及时就近到发热门诊就诊。

九、完善旅游开放合作体系立足中华民族伟大复兴的战略全局和世界百年未有之大变局,把握国际复杂形势和新冠肺炎疫情发展态势,在危机中育新机,于变局中开新局,加强形势分析和政策储备。在全球新冠肺炎疫情得到有效控制的前提下,依托我国强大旅游市场优势,统筹国内国际两个市场,分步有序促进入境旅游,稳步发展出境旅游,持续推进旅游交流合作

(一)分步有序促进入境旅游。及时研判国内外新冠肺炎疫情防控形势、国际环境发展变化,科学调整有关人员来华管理措施,在确保防疫安全的前提下,积极构建健康、安全、有序的中外人员往来秩序。适时启动入境旅游促进行动,出台入境旅游发展支持政策,培养多语种导游,讲好中国故事,丰富和提升国家旅游形象,审时度势采取有力措施推动入境旅游高质量发展。将旅游形象纳入国家对外宣传,建立健全国家旅游对外推广体系,形成"中央—省(自治区、直辖市)—重点旅游城市"三级推广的格局。统筹规划、协同发展海外文化和旅游工作,扩大优质内容供给。推动优化整合旅游办事处职能、拓展布局设点范围。发挥跨区域旅游推广联盟作用,有计划有步骤地组织开展"美丽中国"旅游形象推广活动,加强"东亚文化之都"城市旅游推广。细分重点市场、新兴市场、潜在市场,紧扣境外游客需求和消费习惯,设计推出更多国际化程度高、中国特色明显、适合境外主流市场的优质旅游产品,不断增强中国旅游品牌吸引力、影响力。与旅游客源国、客源地在国际航运、边境通行、疫苗接种、旅游团队组织、医疗保险等方面加强沟通,本着对生命健康高度负责的态度,始终坚守安全底线,把疫情防控放在首位,严格执行国际客运航班"熔断"措施,动态精准调整来华人员入境政策。科学制定并实施入境旅游疫情防控技术指南,强化入境旅游接待重点人员、重点场所防控,严格落实门票实名制预约制度。在此基础上,稳妥推进外籍(境外)人员来华邮轮旅游、自驾游便利化和通关便利化,进一步提升入境服务水平,优化境外预订、金融支付、网络服务、语言标识等,让来华客在用卡、用网、用餐等方面更顺畅、更舒心。抓紧推进《中俄互免团体旅游签证协定》等修订工作。加快实现全国旅游监管服务平台与边检查验系统对接。提升购物离境退税服务水平,扩大购物离境退税政策覆盖面,鼓励更多商户自愿成为退税商店,丰富商品种类。健全免税业政策体系,促进我国免税业健康有序发展。继续办好中国国际旅游交易会、中国—东盟博览会旅游展等品牌推广活动。

(二)稳步发展出境旅游。推动出境旅游与国内旅游、入境旅游三大市场协调发展,统筹服务保障和管理引导。加强文化和旅游、外交、安全、卫生健康、交通运输等部门合作,建立畅通工作机制,及时传递信息和共同应对突发事件。在国际人员往来恢复正常的前提下,旅游企业组织出境旅游要严格遵守国家疫情防控管理规定,及时科学调整行程,引导游客做好自我防护;自助出境游客要提前了解目的地疫情情况及防控要求,做好个人防范,严格遵守出境和返程入境管理规定。加强对出境游客的引导和管理,让出境游客当好中华文化的传播者和国家形象的展示者。推动出境旅游目的地国家给予我普通护照免签便利,在语言、餐饮、支付等方面为中国游客提供更高品质服务。支持有条件的国内旅游企业跟随中国游客"走出去",构建海外旅游接待网络,加强国际化布局,参与全球竞争。加强与重点目的地国家旅游双向交流,推动中华文化传播。完善出境游目的地管理机制,适应出境旅游散客化需要,实施旅游目的地国家计划升级行动,促进有关国家解决我国公民境外旅游过程中的重点关切,高度重视游客生命财产安全,加强旅游警示提醒,做好领事保护工作,扩大境外旅游保险、旅游救援合作,完善出境旅游服务保障体系。

（三）深化与港澳台地区合作。推进粤港澳大湾区旅游一体化发展，提升大湾区旅游业整体竞争力，打造世界级旅游目的地。深化港澳与内地旅游业合作，创新粤港澳区域旅游合作协调机制，推动资源共享。支持香港旅游业繁荣发展，加强内地与香港旅游业在客源互送、宣传营销等方面合作。支持香港发展中外文化艺术交流中心。推动澳门世界旅游休闲中心建设，支持澳门举办世界旅游经济论坛、国际旅游（产业）博览会等，打造以中华文化为主流、多元文化共存的交流合作基地。支持港澳青少年赴内地进行游学交流活动。推进海峡两岸乡村旅游、旅游创意产品开发等领域合作，探索海峡两岸旅游融合发展新路，让旅游成为增进中华文化认同、增强中华民族凝聚力的有效途径。

（四）深化旅游国际合作。在相互尊重文化多样性和社会价值观的基础上，推动大国旅游合作向纵深发展，深化与周边国家旅游市场、产品、信息、服务标准交流合作。以建交周年、高层互访为契机，办好中国文化年（节）、旅游年（节），开展多层次对话交流活动，促进人员往来、民心相通、文明互鉴，推动构建新型国际关系。积极服务和对接高质量共建"一带一路"，扩大与共建国家交流合作，打造跨国跨境旅游带。坚持开放包容、合作共赢，积极参与全球旅游治理体系改革和建设，加强与联合国世界旅游组织等合作，发挥好世界旅游联盟、世界旅游城市联合会、国际山地旅游联盟等国际组织作用，推动全球旅游业发展。积极对外宣传我国抗击疫情成效和我国旅游业应对疫情的经验做法，为全球旅游业发展贡献中国智慧、中国方案。

十、健全旅游综合保障体系坚持党的全面领导，充分调动各方积极因素，强化支持政策，加强基础理论建设和应用研究，加强旅游人才培养，形成推动旅游业发展的强大合力

（一）加强组织领导。各地区要将旅游业发展纳入重要议事日程，把方向、谋大局、定政策、促改革，形成党委领导、政府推动、部门协同、全社会参与、广大人民群众共享的大旅游发展格局。国家建立旅游工作协调机制，加强对全国旅游业发展的综合协调,完善文化和旅游融合发展体制机制。宣传部门发挥好指导协调作用,文化和旅游部门加强对旅游业发展的统筹规划,完善有关政策法规,推动重大项目实施,牵头开展督查。

(二)强化政策支撑。落实用地、财政、区域、税收、金融、投资、人才等支持政策。各相关部门根据职责分工支持旅游业发展,形成发展合力。国家发展改革委要会同文化和旅游部等部门做好重大旅游项目的立项和实施,推进国家文化公园、旅游景区和度假区、旅游休闲城市和街区、红色旅游、乡村旅游、智慧旅游等建设,做好旅游景区等价格管理工作。财政部要通过现有资金渠道,支持加强旅游公共服务设施建设、旅游公益宣传推广等工作,将符合条件的旅游基础设施建设项目纳入地方政府债券支持范围,推进旅游领域政府和社会资本合作。自然资源部要充分考虑常住居民和旅游人口需求,特别是世界级旅游景区和度假区建设,对旅游用地作出专门安排,重点要依法保障旅游公共服务设施土地供给,努力保障旅游建设项目用地供应,引导乡村旅游规范发展,支持自驾车旅居车营地等有序建设,会同文化和旅游部做好风景名胜区及山水林田湖草沙等旅游开发管理。交通运输部、住房城乡建设部、文化和旅游部等部门要推进交通与旅游融合发展,加强交通干线与重要旅游景区、度假区衔接,推进主题线路、风景道、骑行道、步道、旅游航道等建设,构建"快进慢游"的旅游交通体系。外交部要支持文化和旅游部开展与相关国家的旅游交流合作。工业和信息化部要会同文化和旅游部等部门,加强邮轮游艇、低空飞行器、旅居车、客运索道、游乐设施、冰雪装备等旅游装备研发应用和产业化发展。国家民委要配合文化和旅游部等部门做好"旅游促进各民族交往交流交融计划"的制定和实施。国家卫生健康委要配合文化和旅游部根据全国和区域性疫情防控要求,研判调整相关旅游政策,做好旅游出行警示、提示。国家统计局要会同文化和旅游部加强旅游及相关产业统计监测。国家金融管理部门要积极支持符合条件的旅游企业上市融资、再融资和并购重组,拓展企业融资渠道,支持符合条件的旅游企业通过发行公司信用类债券等方式进行融资,创新贷款担保方式,开发适合旅游业特点的金融产品。

（三）加强旅游业理论和人才支撑。推动事关旅游业发展的重大现实问题、热点问题和难点问题研究，加强基础理论研究，加快构建以人民为中心的新时代旅游业发展理论体系。研究出台关于加强旅游科研工作的政策文件，推动旅游科研院所创新发展，培育和认定一批旅游行业智库建设试点单位，用好中国旅游科学年会等研究成果交流平台。优化旅游相关专业设置，推动专业升级，完善旅游管理类专业教学质量标准，大力发展旅游管理硕士专业学位研究生教育，加强旅游管理学科建设。促进旅游职业教育高质量发展，健全继续教育机制。推动数字化课程资源建设共享。健全适合红色旅游、乡村旅游等发展特征和需要的从业人员培训机制，加大旅游业领军人才、急需紧缺人才和新技术、新业态人才培养力度，打造一支与旅游业发展相适应的高素质人才队伍。整合政府部门、企业、院校、行业组织等资源，完善旅游人才培养、引进、使用体系。各地区要结合本地区实际制定旅游业发展规划或具体实施方案，明确工作分工，落实工作责任。各部门要按照职责分工，加强协调配合，明确具体举措和工作进度，抓紧推进。文化和旅游部要加强对本规划实施情况的评估和监督检查，及时研究解决本规划实施过程中出现的新情况、新问题，重大情况及时报告党中央、国务院。

中共中央国务院关于全面推进乡村振兴加快农业农村现代化的意见

（2021 年 1 月 4 日）

党的十九届五中全会审议通过的《中共中央关于制定国民经济和社会发展第十四个五年规划和二〇三五年远景目标的建议》，对新发展阶段优先发展农业农村、全面推进乡村振兴作出总体部署，为做好当前和今后一个时期"三农"工作指明了方向。

"十三五"时期，现代农业建设取得重大进展，乡村振兴实现良好开局。粮食年产量连续保持在 1.3 万亿斤以上，农民人均收入较 2010 年翻一番多。新时代脱贫攻坚目标任务如期完成，现行标准下农村贫困人口全部脱贫，贫困县全部摘帽，易地扶贫搬迁任务全面完成，消除了绝对贫困和区域性整体贫困，创造了人类减贫史上的奇迹。农村人居环境明显改善，农村改革向纵深推进，农村社会保持和谐稳定，农村即将同步实现全面建成小康社会目标。农业农村发展取得新的历史性成就，为党和国家战胜各种艰难险阻、稳定经济社会发展大局，发挥了"压舱石"作用。实践证明，以习近平同志为核心的党中央驰而不息重农强农的战略决策完全正确，党的"三农"政策得到亿万农民衷心拥护。

"十四五"时期，是乘势而上开启全面建设社会主义现代化国家新征程、向第二个百年奋斗目标进军的第一个五年。民族要复兴，乡村必振兴。全面建设社会主义现代化国家,实现中华民族伟大复兴,最艰巨最繁重的任务依然在农村,最广泛最深厚的基础依然在农村。解决好发展不平衡不充分问题,重点难点在"三农",迫切需要补齐农业农村短板弱项,推动城乡协调发展;构建新发展格局,潜力后劲在"三农",迫切需要扩大农村需求,畅通城乡经济循环;应对国内外各种风险挑战,基础支撑在"三农",迫切需要稳住农业基本盘,守好"三农"基础。党中央认为,新发展阶段"三农"工作依然极端重要,须臾不可放松,务必抓紧抓实。要坚持把解决好"三农"问题作为全党工作重中之重,把全面推进乡村振兴作为实现中华民族伟大复兴的一项重大任务,举全党全社会之力加快农业农村现代化,让广大农民过上更加美好的生活。

一、总体要求

(一)指导思想。以习近平新时代中国特色社会主义思想为指导,全面贯彻党的十九大和十九届二中、三中、四中、五中全会精神,贯彻落实中央经济工作会议精神,统筹推进"五位一体"总体布局,协调推进"四个全面"战略布局,坚定不移贯彻新发展理念,坚持稳中求进工作总基调,坚持加强党对"三农"工作的全面领导,坚持农业农村优先发展,坚持农业现代化与农村现代化一体设计、一并推进,坚持创新驱动发展,以推动高质量发展为主题,统筹发展和安全,落实加快构建新发展格局要求,巩固和完善农村基本经营制度,深入推进农业供给侧结构性改革,把乡村建设摆在社会主义现代化建设的重要位置,全面推进乡村产业、人才、文化、生态、组织振兴,充分发挥农业产品供给、生态屏障、文化传承等功能,走中国特色社会主义乡村振兴道路,加快农业农村现代化,加快形成工农互促、城乡互补、协调发展、共同繁荣的新型工农城乡关系,促进农业高质高效、乡村宜居宜业、农民富裕富足,为全面建设社会主义现代化国家开好局、起好步提供有力支撑。

(二)目标任务。2021年,农业供给侧结构性改革深入推进,粮食播种面积保持稳定、产量达到1.3万亿斤以上,生猪产业平稳发展,农产品质量和食品安全水平进一步提高,农民收入增长继续快于城镇居民,脱贫攻坚成果持续巩固。农业农村现代化规划启动实施,脱贫攻坚政策体系和工作机制同乡村振兴有效衔接、平稳过渡,乡村建设行动全面启动,农村人居环境整治提升,农村改革重点任务深入推进,农村社会保持和谐稳定。

到 2025 年,农业农村现代化取得重要进展,农业基础设施现代化迈上新台阶,农村生活设施便利化初步实现,城乡基本公共服务均等化水平明显提高。农业基础更加稳固,粮食和重要农产品供应保障更加有力,农业生产结构和区域布局明显优化,农业质量效益和竞争力明显提升,现代乡村产业体系基本形成,有条件的地区率先基本实现农业现代化。脱贫攻坚成果巩固拓展,城乡居民收入差距持续缩小。农村生产生活方式绿色转型取得积极进展,化肥农药使用量持续减少,农村生态环境得到明显改善。乡村建设行动取得明显成效,乡村面貌发生显著变化,乡村发展活力充分激发,乡村文明程度得到新提升,农村发展安全保障更加有力,农民获得感、幸福感、安全感明显提高。

二、实现巩固拓展脱贫攻坚成果同乡村振兴有效衔接

(三)设立衔接过渡期。脱贫攻坚目标任务完成后,对摆脱贫困的县,从脱贫之日起设立 5 年过渡期,做到扶上马送一程。过渡期内保持现有主要帮扶政策总体稳定,并逐项分类优化调整,合理把握节奏、力度和时限,逐步实现由集中资源支持脱贫攻坚向全面推进乡村振兴平稳过渡,推动"三农"工作重心历史性转移。抓紧出台各项政策完善优化的具体实施办法,确保工作不留空档、政策不留空白。

(四)持续巩固拓展脱贫攻坚成果。健全防止返贫动态监测和帮扶机制,对易返贫致贫人口及时发现、及时帮扶,守住防止规模性返贫底线。以大中型集中安置区为重点,扎实做好易地搬迁后续帮扶工作,持续加大就业和产业扶持力度,继续完善安置区配套基础设施、产业园区配套设施、公共服务设施,切实提升社区治理能力。加强扶贫项目资产管理和监督。

(五)接续推进脱贫地区乡村振兴。实施脱贫地区特色种养业提升行动,广泛开展农产品产销对接活动,深化拓展消费帮扶。持续做好有组织劳务输出工作。统筹用好公益岗位,对符合条件的就业困难人员进行就业援助。在农业农村基础设施建设领域推广以工代赈方式,吸纳更多脱贫人口和低收入人口就地就近就业。在脱贫地区重点建设一批区域性和跨区域重大基础设施工程。加大对脱贫县乡村振兴支持力度。在西部地区脱贫县中确定一批国家乡村振兴重点帮扶县集中支持。支持各地自主选择部分脱贫县作为乡村振兴重点帮扶县。坚持和完善东西部协作和对口支援、社会力量参与帮扶等机制。

(六)加强农村低收入人口常态化帮扶。开展农村低收入人口动态监测,实行分层分类帮扶。对有劳动能力的农村低收入人口,坚持开发式帮扶,帮助其提高内生发展能力,发展产业、参与就业,依靠双手勤劳致富。对脱贫人口中丧失劳动能力且无法通过产业就业获得稳定收入的人口,以现有社会保障体系为基础,按规定纳入农村低保或特困人员救助供养范围,并按困难类型及时给予专项救助、临时救助。

三、加快推进农业现代化

(七)提升粮食和重要农产品供给保障能力。地方各级党委和政府要切实扛起粮食安全政治责任,实行粮食安全党政同责。深入实施重要农产品保障战略,完善粮食安全省长责任制和"菜篮子"市长负责制,确保粮、棉、油、糖、肉等供给安全。"十四五"时期各省(自治区、直辖市)要稳定粮食播种面积、提高单产水平。加强粮食生产功能区和重要农产品生产保护区建设。建设国家粮食安全产业带。稳定种粮农民补贴,让种粮有合理收益。坚持并完善稻谷、小麦最低收购价政策,完善玉米、大豆生产者补贴政策。深入推进农业结构调整,推动品种培优、品质提升、品牌打造和标准化生产。鼓励发展青贮玉米等优质饲草饲料,稳定大豆生产,多措并举发展油菜、花生等油料作物。健全产粮大县支持政策体系。扩大稻谷、小麦、玉米三大粮食作物完全成本保险和收入保险试点范围,支持有条件的省份降低产粮大县三大粮食作物农业保险保费县级补贴比例。深入推进优质粮食工程。加快构建现代养殖体系,保护生猪基础产能,健全生猪产业平稳有序发展长效机制,积极发展牛羊产业,继续实施奶业振兴行动,推进水产绿色健康养殖。推进渔港建设和管理改革。促进木本粮油和林下经济发展。优化农产品贸易布局,实施农产品进口多元化战略,支持企业融入全球农产品供应链。保持打击重点农产品走私高压态势。加强口岸检疫和外来入侵物种防控。开展粮食节约行动,减少生产、流通、加工、存储、消费环节粮食损耗浪费。

(八)打好种业翻身仗。农业现代化,种子是基础。加强农业种质资源保护开发利用,加快第三次农作物种质资源、畜禽种质资源调查收集,加强国家作物、畜禽和海洋渔业生物种质资源库建设。对育种基础性研究以及重点育种项目给予长期稳定支持。加快实施农业生物育种重大科技项目。深入实施农作物和畜禽良种联合攻关。实施新一轮畜禽遗传改良计划和现代种业提升工程。尊重科学、严格监管,有序推进生物育种产业化应用。加强育种领域知识产权保护。支持种业龙头企业建立健全商业化育种体系,加快建设南繁硅谷,加强制种基地和良种繁育体系建设,研究重大品种研发与推广后补助政策,促进育繁推一体化发展。

(九)坚决守住18亿亩耕地红线。统筹布局生态、农业、城镇等功能空间,科学划定各类空间管控边界,严格实行土地用途管制。采取"长牙齿"的措施,落实最严格的耕地保护制度。严禁违规占用耕地和违背自然规律绿化造林、挖湖造景,严格控制非农建设占用耕地,深入推进农村乱占耕地建房专项整治行动,坚决遏制耕地"非农化"、防止"非粮化"。明确耕地利用优先序,永久基本农田重点用于粮食特别是口粮生产,一般耕地主要用于粮食和棉、油、糖、蔬菜等农产品及饲草饲料生产。明确耕地和永久基本农田不同的管制目标和管制强度,严格控制耕地转为林地、园地等其他类型农用地,强化土地流转用途监管,确保耕地数量不减少、质量有提高。实施新一轮高标准农田建设规划,提高建设标准和质量,健全管护机制,多渠道筹集建设资金,中央和地方共同加大粮食主产区高标准农田建设投入,2021年建设1亿亩旱涝保收、高产稳产高标准农田。在高标准农田建设中增加的耕地作为占补平衡补充耕地指标在省域内调剂,所得收益用于高标准农田建设。加强和改进建设占用耕地占补平衡管理,严格新增耕地核实认定和监管。健全耕地数量和质量监测监管机制,加强耕地保护督察和执法监督,开展"十三五"时期省级政府耕地保护责任目标考核。

(十)强化现代农业科技和物质装备支撑。实施大中型灌区续建配套和现代化改造。到2025年全部完成现有病险水库除险加固。坚持农业科技自立自强,完善农业科技领域基础研究稳定支持机制,深化体制改革,布局建设一批创新基地平台。深入开展乡村振兴科技支撑行动。支持高校为乡村振兴提供智力服务。加强农业科技社会化服务体系建设,深入推行科技特派员制度。打造国家热带农业科学中心。提高农机装备自主研制能力,支持高端智能、丘陵山区农机装备研发制造,加大购置补贴力度,开展农机作业补贴。强化动物防疫和农作物病虫害防治体系建设,提升防控能力。

(十一)构建现代乡村产业体系。依托乡村特色优势资源,打造农业全产业链,把产业链主体留在县城,让农民更多分享产业增值收益。加快健全现代农业全产业链标准体系,推动新型农业经营主体按标生产,培育农业龙头企业标准"领跑者"。立足县域布局特色农产品产地初加工和精深加工,建设现代农业产业园、农业产业强镇、优势特色产业集群。推进公益性农产品市场和农产品流通骨干网络建设。开发休闲农业和乡村旅游精品线路,完善配套设施。推进农村一二三产业融合发展示范园和科技示范园区建设。把农业现代化示范区作为推进农业现代化的重要抓手,围绕提高农业产业体系、生产体系、经营体系现代化水平,建立指标体系,加强资源整合、政策集成,以县(市、区)为单位开展创建,到2025年创建500个左右示范区,形成梯次推进农业现代化的格局。创建现代林业产业示范区。组织开展"万企兴万村"行动。稳步推进反映全产业链价值的农业及相关产业统计核算。

(十二)推进农业绿色发展。实施国家黑土地保护工程,推广保护性耕作模式。健全耕地休耕轮作制度。持续推进化肥农药减量增效,推广农作物病虫害绿色防控产品和技术。加强畜禽粪污资源化利用。全面实施秸秆综合利用和农膜、农药包装物回收行动,加强可降解农膜研发推广。在长江经济带、黄河流域建设一批农业面源污染综合治理示范县。支持国家农业绿色发展先行区建设。加强农产品质量和食品安全监管,发展绿色农产品、有机农产品和地理标志农产品,试行食用农产品达标合格证制度,推进国家农产品质量安全县创建。加强水生生物资源养护,推进以长江为重点的渔政执法能力建设,确保十年禁渔令有效落实,做好退捕渔民安置保障工作。发展节水农业和旱作农业。推进荒漠化、石漠化、坡耕地水土流失综合治理和土壤污染防治、重点区域地下水保护与超采治理。实施水系连通及农村水系综合整治,强化河湖长制。巩固退耕还林还草成果,完善政策、有序推进。实行林长制。科学开展大规模国土绿化行动。完善草原生态保护补助奖励政策,全面推进草原禁牧轮牧休牧,加强草原鼠害防治,稳步恢复草原生态环境。

(十三)推进现代农业经营体系建设。突出抓好家庭农场和农民合作社两类经营主体,鼓励发展多种形式适度规模经营。实施家庭农场培育计划,把农业规模经营户培育成有活力的家庭农场。推进农民合作社质量提升,加大对运行规范的农民合作社扶持力度。发展壮大农业专业化社会化服务组织,将先进适用的品种、投入品、技术、装备导入小农户。支持市场主体建设区域性农业全产业链综合服务中心。支持农业产业化龙头企业创新发展、做大做强。深化供销合作社综合改革,开展生产、供销、信用"三位一体"综合合作试点,健全服务农民生产生活综合平台。培育高素质农民,组织参加技能评价、学历教育,设立专门面向农民的技能大赛。吸引城市各方面人才到农村创业创新,参与乡村振兴和现代农业建设。

四、大力实施乡村建设行动

(十四)加快推进村庄规划工作。2021年基本完成县级国土空间规划编制,明确村庄布局分类。积极有序推进"多规合一"实用性村庄规划编制,对有条件、有需求的村庄尽快实现村庄规划全覆盖。对暂时没有编制规划的村庄,严格按照县乡两级国土空间规划中确定的用途管制和建设管理要求进行建设。编制村庄规划要立足现有基础,保留乡村特色风貌,不搞大拆大建。按照规划有序开展各项建设,严肃查处违规乱建行为。健全农房建设质量安全法律法规和监管体制,3年内完成安全隐患排查整治。完善建设标准和规范,提高农房设计水平和建设质量。继续实施农村危房改造和地震高烈度设防地区农房抗震改造。加强村庄风貌引导，保护传统村落、传统民居和历史文化名村名镇。加大农村地区文化遗产遗迹保护力度。乡村建设是为农民而建，要因地制宜、稳扎稳打，不刮风搞运动。严格规范村庄撤并，不得违背农民意愿、强迫农民上楼，把好事办好、把实事办实。

（十五）加强乡村公共基础设施建设。继续把公共基础设施建设的重点放在农村，着力推进往村覆盖、往户延伸。实施农村道路畅通工程。有序实施较大人口规模自然村（组）通硬化路。加强农村资源路、产业路、旅游路和村内主干道建设。推进农村公路建设项目更多向进村入户倾斜。继续通过中央车购税补助地方资金、成品油税费改革转移支付、地方政府债券等渠道，按规定支持农村道路发展。继续开展"四好农村路"示范创建。全面实施路长制。开展城乡交通一体化示范创建工作。加强农村道路桥梁安全隐患排查，落实管养主体责任。强化农村道路交通安全监管。实施农村供水保障工程。加强中小型水库等稳定水源工程建设和水源保护，实施规模化供水工程建设和小型工程标准化改造，有条件的地区推进城乡供水一体化，到2025年农村自来水普及率达到88%。完善农村水价水费形成机制和工程长效运营机制。实施乡村清洁能源建设工程。加大农村电网建设力度，全面巩固提升农村电力保障水平。推进燃气下乡，支持建设安全可靠的乡村储气罐站和微管网供气系统。发展农村生物质能源。加强煤炭清洁化利用。实施数字乡村建设发展工程。推动农村千兆光网、第五代移动通信（5G）、移动物联网与城市同步规划建设。完善电信普遍服务补偿机制，支持农村及偏远地区信息通信基础设施建设。加快建设农业农村遥感卫星等天基设施。发展智慧农业，建立农业农村大数据体系，推动新一代信息技术与农业生产经营深度融合。完善农业气象综合监测网络，提升农业气象灾害防范能力。加强乡村公共服务、社会治理等数字化智能化建设。实施村级综合服务设施提升工程。加强村级客运站点、文化体育、公共照明等服务设施建设。

（十六）实施农村人居环境整治提升五年行动。分类有序推进农村厕所革命，加快研发干旱、寒冷地区卫生厕所适用技术和产品，加强中西部地区农村户用厕所改造。统筹农村改厕和污水、黑臭水体治理，因地制宜建设污水处理设施。健全农村生活垃圾收运处置体系,推进源头分类减量、资源化处理利用,建设一批有机废弃物综合处置利用设施。健全农村人居环境设施管护机制。有条件的地区推广城乡环卫一体化第三方治理。深入推进村庄清洁和绿化行动。开展美丽宜居村庄和美丽庭院示范创建活动。

(十七)提升农村基本公共服务水平。建立城乡公共资源均衡配置机制,强化农村基本公共服务供给县乡村统筹,逐步实现标准统一、制度并轨。提高农村教育质量,多渠道增加农村普惠性学前教育资源供给,继续改善乡镇寄宿制学校办学条件,保留并办好必要的乡村小规模学校,在县城和中心镇新建改扩建一批高中和中等职业学校。完善农村特殊教育保障机制。推进县域内义务教育学校校长教师交流轮岗,支持建设城乡学校共同体。面向农民就业创业需求,发展职业技术教育与技能培训,建设一批产教融合基地。开展耕读教育。加快发展面向乡村的网络教育。加大涉农高校、涉农职业院校、涉农学科专业建设力度。全面推进健康乡村建设,提升村卫生室标准化建设和健康管理水平,推动乡村医生向执业(助理)医师转变,采取派驻、巡诊等方式提高基层卫生服务水平。提升乡镇卫生院医疗服务能力,选建一批中心卫生院。加强县级医院建设,持续提升县级疾控机构应对重大疫情及突发公共卫生事件能力。加强县域紧密型医共体建设,实行医保总额预算管理。加强妇幼、老年人、残疾人等重点人群健康服务。健全统筹城乡的就业政策和服务体系,推动公共就业服务机构向乡村延伸。深入实施新生代农民工职业技能提升计划。完善统一的城乡居民基本医疗保险制度,合理提高政府补助标准和个人缴费标准,健全重大疾病医疗保险和救助制度。落实城乡居民基本养老保险待遇确定和正常调整机制。推进城乡低保制度统筹发展,逐步提高特困人员供养服务质量。加强对农村留守儿童和妇女、老年人以及困境儿童的关爱服务。健全县乡村衔接的三级养老服务网络,推动村级幸福院、日间照料中心等养老服务设施建设,发展农村普惠型养老服务和互助性养老。推进农村公益性殡葬设施建设。推进城乡公共文化服务体系一体建设,创新实施文化惠民工程。

(十八)全面促进农村消费。加快完善县乡村三级农村物流体系,改造提升农村寄递物流基础设施,深入推进电子商务进农村和农产品出村进城,推动城乡生产与消费有效对接。促进农村居民耐用消费品更新换代。加快实施农产品仓储保鲜冷链物流设施建设工程,推进田头小型仓储保鲜冷链设施、产地低温直销配送中心、国家骨干冷链物流基地建设。完善农村生活性服务业支持政策,发展线上线下相结合的服务网点,推动便利化、精细化、品质化发展,满足农村居民消费升级需要,吸引城市居民下乡消费。

(十九)加快县域内城乡融合发展。推进以人为核心的新型城镇化,促进大中小城市和小城镇协调发展。把县域作为城乡融合发展的重要切入点,强化统筹谋划和顶层设计,破除城乡分割的体制弊端,加快打通城乡要素平等交换、双向流动的制度性通道。统筹县域产业、基础设施、公共服务、基本农田、生态保护、城镇开发、村落分布等空间布局,强化县城综合服务能力,把乡镇建设成为服务农民的区域中心,实现县乡村功能衔接互补。壮大县域经济,承接适宜产业转移,培育支柱产业。加快小城镇发展,完善基础设施和公共服务,发挥小城镇连接城市、服务乡村作用。推进以县城为重要载体的城镇化建设,有条件的地区按照小城市标准建设县城。积极推进扩权强镇,规划建设一批重点镇。开展乡村全域土地综合整治试点。推动在县域就业的农民工就地市民化,增加适应进城农民刚性需求的住房供给。鼓励地方建设返乡入乡创业园和孵化实训基地。

(二十)强化农业农村优先发展投入保障。继续把农业农村作为一般公共预算优先保障领域。中央预算内投资进一步向农业农村倾斜。制定落实提高土地出让收益用于农业农村比例考核办法,确保按规定提高用于农业农村的比例。各地区各部门要进一步完善涉农资金统筹整合长效机制。支持地方政府发行一般债券和专项债券用于现代农业设施建设和乡村建设行动,制定出台操作指引,做好高质量项目储备工作。发挥财政投入引领作用,支持以市场化方式设立乡村振兴基金,撬动金融资本、社会力量参与,重点支持乡村产业发展。坚持为农服务宗旨,持续深化农村金融改革。运用支农支小再贷款、再贴现等政策工具,实施最优惠的存款准备金率,加大对机构法人在县域、业务在县域的金融机构的支持力度,推动农村金融机构回归本源。鼓励银行业金融机构建立服务乡村振兴的内设机构。明确地方政府监管和风险处置责任,稳妥规范开展农民合作社内部信用合作试点。保持农村信用合作社等县域农村金融机构法人地位和数量总体稳定,做好监督管理、风险化解、深化改革工作。完善涉农金融机构治理结构和内控机制,强化金融监管部门的监管责任。支持市县构建域内共享的涉农信用信息数据库,用3年时间基本建成比较完善的新型农业经营主体信用体系。发展农村数字普惠金融。大力开展农户小额信用贷款、保单质押贷款、农机具和大棚设施抵押贷款业务。鼓励开发专属金融产品支持新型农业经营主体和农村新产业新业态,增加首贷、信用贷。加大对农业农村基础设施投融资的中长期信贷支持。加强对农业信贷担保放大倍数的量化考核,提高农业信贷担保规模。将地方优势特色农产品保险以奖代补做法逐步扩大到全国。健全农业再保险制度。发挥"保险+期货"在服务乡村产业发展中的作用。

(二十一)深入推进农村改革。完善农村产权制度和要素市场化配置机制,充分激发农村发展内生动力。坚持农村土地农民集体所有制不动摇,坚持家庭承包经营基础性地位不动摇,有序开展第二轮土地承包到期后再延长30年试点,保持农村土地承包关系稳定并长久不变,健全土地经营权流转服务体系。积极探索实施农村集体经营性建设用地入市制度。完善盘活农村存量建设用地政策,实行负面清单管理,优先保障乡村产业发展、乡村建设用地。根据乡村休闲观光等产业分散布局的实际需要,探索灵活多样的供地新方式。加强宅基地管理,稳慎推进农村宅基地制度改革试点,探索宅基地所有权、资格权、使用权分置有效实现形式。规范开展房地一体宅基地日常登记颁证工作。规范开展城乡建设用地增减挂钩,完善审批实施程序、节余指标调剂及收益分配机制。2021年基本完成农村集体产权制度改革阶段性任务,发展壮大新型农村集体经济。保障进城落户农民土地承包权、宅基地使用权、集体收益分配权,研究制定依法自愿有偿转让的具体办法。加强农村产权流转交易和管理信息网络平台建设,提供综合性交易服务。加快农业综合行政执法信息化建设。深入推进农业水价综合改革。继续深化农村集体林权制度改革。

五、加强党对"三农"工作的全面领导

（二十二）强化五级书记抓乡村振兴的工作机制。全面推进乡村振兴的深度、广度、难度都不亚于脱贫攻坚，必须采取更有力的举措，汇聚更强大的力量。要深入贯彻落实《中国共产党农村工作条例》，健全中央统筹、省负总责、市县乡抓落实的农村工作领导体制，将脱贫攻坚工作中形成的组织推动、要素保障、政策支持、协作帮扶、考核督导等工作机制，根据实际需要运用到推进乡村振兴，建立健全上下贯通、精准施策、一抓到底的乡村振兴工作体系。省、市、县级党委要定期研究乡村振兴工作。县委书记应当把主要精力放在"三农"工作上。建立乡村振兴联系点制度，省、市、县级党委和政府负责同志都要确定联系点。开展县乡村三级党组织书记乡村振兴轮训。加强党对乡村人才工作的领导，将乡村人才振兴纳入党委人才工作总体部署，健全适合乡村特点的人才培养机制，强化人才服务乡村激励约束。加快建设政治过硬、本领过硬、作风过硬的乡村振兴干部队伍，选派优秀干部到乡村振兴一线岗位，把乡村振兴作为培养锻炼干部的广阔舞台，对在艰苦地区、关键岗位工作表现突出的干部优先重用。

（二十三）加强党委农村工作领导小组和工作机构建设。充分发挥各级党委农村工作领导小组牵头抓总、统筹协调作用，成员单位出台重要涉农政策要征求党委农村工作领导小组意见并进行备案。各地要围绕"五大振兴"目标任务，设立由党委和政府负责同志领导的专项小组或工作专班，建立落实台账，压实工作责任。强化党委农村工作领导小组办公室决策参谋、统筹协调、政策指导、推动落实、督促检查等职能，每年分解"三农"工作重点任务，落实到各责任部门，定期调度工作进展。加强党委农村工作领导小组办公室机构设置和人员配置。

（二十四）加强党的农村基层组织建设和乡村治理。充分发挥农村基层党组织领导作用，持续抓党建促乡村振兴。有序开展乡镇、村集中换届，选优配强乡镇领导班子、村"两委"成员特别是村党组织书记。在有条件的地方积极推行村党组织书记通过法定程序担任村民委员会主任，因地制宜、不搞

"一刀切"。与换届同步选优配强村务监督委员会成员,基层纪检监察组织加强与村务监督委员会的沟通协作、有效衔接。坚决惩治侵害农民利益的腐败行为。坚持和完善向重点乡村选派驻村第一书记和工作队制度。加大在优秀农村青年中发展党员力度,加强对农村基层干部激励关怀,提高工资补助待遇,改善工作生活条件,切实帮助解决实际困难。推进村委会规范化建设和村务公开"阳光工程"。开展乡村治理试点示范创建工作。创建民主法治示范村,培育农村学法用法示范户。加强乡村人民调解组织队伍建设,推动就地化解矛盾纠纷。深入推进平安乡村建设。建立健全农村地区扫黑除恶常态化机制。加强县乡村应急管理和消防安全体系建设,做好对自然灾害、公共卫生、安全隐患等重大事件的风险评估、监测预警、应急处置。

(二十五)加强新时代农村精神文明建设。弘扬和践行社会主义核心价值观,以农民群众喜闻乐见的方式,深入开展习近平新时代中国特色社会主义思想学习教育。拓展新时代文明实践中心建设,深化群众性精神文明创建活动。建强用好县级融媒体中心。在乡村深入开展"听党话、感党恩、跟党走"宣讲活动。深入挖掘、继承创新优秀传统乡土文化,把保护传承和开发利用结合起来,赋予中华农耕文明新的时代内涵。持续推进农村移风易俗,推广积分制、道德评议会、红白理事会等做法,加大高价彩礼、人情攀比、厚葬薄养、铺张浪费、封建迷信等不良风气治理,推动形成文明乡风、良好家风、淳朴民风。加大对农村非法宗教活动和境外渗透活动的打击力度,依法制止利用宗教干预农村公共事务。办好中国农民丰收节。

(二十六)健全乡村振兴考核落实机制。各省(自治区、直辖市)党委和政府每年向党中央、国务院报告实施乡村振兴战略进展情况。对市县党政领导班子和领导干部开展乡村振兴实绩考核,纳入党政领导班子和领导干部综合考核评价内容,加强考核结果应用,注重提拔使用乡村振兴实绩突出的市县党政领导干部。对考核排名落后、履职不力的市县党委和政府主要负责同志进行约谈,建立常态化约谈机制。将巩固拓展脱贫攻坚成果纳入乡村振兴考核。强化乡村振兴督查,创新完善督查方式,及时发现和解决存在的问题,推动政策举措落实落地。持续纠治形式主义、官僚主义,将减轻村级组织不合理负担纳入中央基层减负督查重点内容。坚持实事求是、依法行政,把握好农村各项工作的时度效。加强乡村振兴宣传工作,在全社会营造共同推进乡村振兴的浓厚氛围。让我们紧密团结在以习近平同志为核心的党中央周围,开拓进取,真抓实干,全面推进乡村振兴,加快农业农村现代化,努力开创"三农"工作新局面,为全面建设社会主义现代化国家、实现第二个百年奋斗目标作出新的贡献!

国务院办公厅关于促进全域旅游发展的指导意见

国办发〔2018〕15号

各省、自治区、直辖市人民政府，国务院各部委、各直属机构：

旅游是发展经济、增加就业和满足人民日益增长的美好生活需要的有效手段，旅游业是提高人民生活水平的重要产业。近年来，我国旅游经济快速增长，产业格局日趋完善，市场规模品质同步提升，旅游业已成为国民经济的战略性支柱产业。但是，随着大众旅游时代到来，我国旅游有效供给不足、市场秩序不规范、体制机制不完善等问题日益凸显。发展全域旅游，将一定区域作为完整旅游目的地，以旅游业为优势产业，统一规划布局、优化公共服务、推进产业融合、加强综合管理、实施系统营销，有利于不断提升旅游业现代化、集约化、品质化、国际化水平，更好满足旅游消费需求。为指导各地促进全域旅游发展，经国务院同意，现提出以下意见。

一、总体要求

（一）指导思想。

全面贯彻党的十九大精神，以习近平新时代中国特色社会主义思想为指导，认真落实党中央、国务院决策部署，统筹推进"五位一体"总体布局和协调推进"四个全面"战略布局，牢固树立和贯彻落实新发展理念，加快旅游供给侧结构性改革，着力推动旅游业从门票经济向产业经济转变，从粗放低效方式向精细高效方式转变，从封闭的旅游自循环向开放的"旅游+"转变，从企业单打独享向社会共建共享转变，从景区内部管理向全面依法治理转变，从部门行为向政府统筹推进转变，从单一景点景区建设向综合目的地服务转变。

（二）基本原则。

统筹协调，融合发展。把促进全域旅游发展作为推动经济社会发展的重要抓手，从区域发展全局出发，统一规划，整合资源，凝聚全域旅游发展新合力。大力推进"旅游+"，促进产业融合、产城融合，全面增强旅游发展新功能，使发展成果惠及各方，构建全域旅游共建共享新格局。

因地制宜，绿色发展。注重产品、设施与项目的特色，不搞一个模式，防止千城一面、千村一面、千景一面，推行各具特色、差异化推进的全域旅游发展新方式。牢固树立绿水青山就是金山银山理念，坚持保护优先，合理有序开发，防止破坏环境，摒弃盲目开发，实现经济效益、社会效益、生态效益相互促进、共同提升。

改革创新，示范引导。突出目标导向和问题导向，努力破除制约旅游发展的瓶颈与障碍，不断完善全域旅游发展的体制机制、政策措施、产业体系。开展全域旅游示范区创建工作，打造全域旅游发展典型，形成可借鉴可推广的经验，树立全域旅游发展新标杆。

（三）主要目标。

旅游发展全域化。推进全域统筹规划、全域合理布局、全域服务提升、全域系统营销，构建良好自然生态环境、人文社会环境和放心旅游消费环境，实现全域宜居宜业宜游。

旅游供给品质化。加大旅游产业融合开放力度，提升科技水平、文化内涵、绿色含量，增加创意产品、体验产品、定制产品，发展融合新业态，提供更多精细化、差异化旅游产品和更加舒心、放心的旅游服务，增加有效供给。

旅游治理规范化。加强组织领导，增强全社会参与意识，建立各部门联动、全社会参与的旅游综合协调机制。坚持依法治旅，创新管理机制，提升治理效能，形成综合产业综合抓的局面。

旅游效益最大化。把旅游业作为经济社会发展的重要支撑,发挥旅游"一业兴百业"的带动作用,促进传统产业提档升级,孵化一批新产业、新业态,不断提高旅游对经济和就业的综合贡献水平。

二、推进融合发展,创新产品供给

(四)推动旅游与城镇化、工业化和商贸业融合发展。建设美丽宜居村庄、旅游小镇、风情县城以及城市绿道、慢行系统,支持旅游综合体、主题功能区、中央游憩区等建设。依托风景名胜区、历史文化名城名镇名村、特色景观旅游名镇、传统村落,探索名胜名城名镇名村"四名一体"全域旅游发展模式。利用工业园区、工业展示区、工业历史遗迹等开展工业旅游,发展旅游用品、户外休闲用品和旅游装备制造业。积极发展商务会展旅游,完善城市商业区旅游服务功能,开发具有自主知识产权和鲜明地方特色的时尚性、实用性、便携性旅游商品,增加旅游购物收入。

(五)推动旅游与农业、林业、水利融合发展。大力发展观光农业、休闲农业,培育田园艺术景观、阳台农艺等创意农业,鼓励发展具备旅游功能的定制农业、会展农业、众筹农业、家庭农场、家庭牧场等新型农业业态,打造一二三产业融合发展的美丽休闲乡村。积极建设森林公园、湿地公园、沙漠公园、海洋公园,发展"森林人家""森林小镇"。科学合理利用水域和水利工程,发展观光、游憩、休闲度假等水利旅游。

(六)推动旅游与交通、环保、国土、海洋、气象融合发展。加快建设自驾车房车旅游营地,推广精品自驾游线路,打造旅游风景道和铁路遗产、大型交通工程等特色交通旅游产品,积极发展邮轮游艇旅游、低空旅游。开发建设生态旅游区、天然氧吧、地质公园、矿山公园、气象公园以及山地旅游、海洋海岛旅游等产品,大力开发避暑避寒旅游产品,推动建设一批避暑避寒度假目的地。

(七)推动旅游与科技、教育、文化、卫生、体育融合发展。充分利用科技工程、科普场馆、科研设施等发展科技旅游。以弘扬社会主义核心价值观为主线发展红色旅游,积极开发爱国主义和革命传统教育、国情教育等研学旅游产品。科学利用传统村落、文物遗迹及博物馆、纪念馆、美术馆、艺术馆、世界文化遗产、非物质文化遗产展示馆等文化场所开展文化、文物旅游，推动剧场、演艺、游乐、动漫等产业与旅游业融合开展文化体验旅游。加快开发高端医疗、中医药特色、康复疗养、休闲养生等健康旅游。大力发展冰雪运动、山地户外运动、水上运动、汽车摩托车运动、航空运动、健身气功养生等体育旅游，将城市大型商场、有条件景区、开发区闲置空间、体育场馆、运动休闲特色小镇、连片美丽乡村打造成体育旅游综合体。

（八）提升旅游产品品质。深入挖掘历史文化、地域特色文化、民族民俗文化、传统农耕文化等，实施中国传统工艺振兴计划，提升传统工艺产品品质和旅游产品文化含量。积极利用新能源、新材料和新科技装备，提高旅游产品科技含量。推广资源循环利用、生态修复、无害化处理等生态技术，加强环境综合治理，提高旅游开发生态含量。

（九）培育壮大市场主体。大力推进旅游领域大众创业、万众创新，开展旅游创客行动，建设旅游创客示范基地，加强政策引导和专业培训，促进旅游领域创业和就业。鼓励各类市场主体通过资源整合、改革重组、收购兼并、线上线下融合等投资旅游业，促进旅游投资主体多元化。培育和引进有竞争力的旅游骨干企业和大型旅游集团，促进规模化、品牌化、网络化经营。落实中小旅游企业扶持政策，引导其向专业、精品、特色、创新方向发展，形成以旅游骨干企业为龙头、大中小旅游企业协调发展的格局。

三、加强旅游服务，提升满意指数

（十）以标准化提升服务品质。完善服务标准，加强涉旅行业从业人员培训，规范服务礼仪与服务流程，增强服务意识与服务能力，塑造规范专业、热情主动的旅游服务形象。

（十一）以品牌化提高满意度。按照个性化需求，实施旅游服务质量标杆引领计划和服务承诺制度，建立优质旅游服务商名录，推出优质旅游服务品牌，开展以游客评价为主的旅游目的地评价，不断提高游客满意度。

（十二）推进服务智能化。涉旅场所实现免费 WiFi、通信信号、视频监控全覆盖,主要旅游消费场所实现在线预订、网上支付,主要旅游区实现智能导游、电子讲解、实时信息推送,开发建设咨询、导览、导游、导购、导航和分享评价等智能化旅游服务系统。

(十三)推行旅游志愿服务。建立旅游志愿服务工作站,制定管理激励制度,开展志愿服务公益行动,提供文明引导、游览讲解、信息咨询和应急救援等服务,打造旅游志愿服务品牌。

(十四)提升导游服务质量。加强导游队伍建设和权益保护,指导督促用人单位依法与导游签订劳动合同,落实导游薪酬和社会保险制度,明确用人单位与导游的权利义务,构建和谐稳定的劳动关系,为持续提升导游服务质量奠定坚实基础。全面开展导游培训,组织导游服务技能竞赛,建设导游服务网络平台,切实提高导游服务水平。

四、加强基础配套,提升公共服务

(十五)扎实推进"厕所革命"。加强规划引导、科学布局和配套设施建设,提高城乡公厕管理维护水平,因地制宜推进农村"厕所革命"。加大中央预算内资金、旅游发展基金和地方各级政府投资对"厕所革命"的支持力度,加强厕所技术攻关和科技支撑,全面开展文明用厕宣传教育。在重要旅游活动场所设置第三卫生间,做到主要旅游景区、旅游线路以及客运列车、车站等场所厕所数量充足、干净卫生、实用免费、管理有效。

(十六)构建畅达便捷交通网络。完善综合交通运输体系,加快新建或改建支线机场和通用机场,优化旅游旺季以及通重点客源地与目的地的航班配置。改善公路通达条件,提高旅游景区可进入性,推进干线公路与重要景区连接,强化旅游客运、城市公交对旅游景区、景点的服务保障,推进城市绿道、骑行专线、登山步道、慢行系统、交通驿站等旅游休闲设施建设,打造具有通达、游憩、体验、运动、健身、文化、教育等复合功能的主题旅游线路。鼓励在国省干线公路和通景区公路沿线增设观景台、自驾车房车营地和公路服务区等设施,推动高速公路服务区向集交通、旅游、生态等服务于一体的复合型服务场所转型升级。

（十七）完善集散咨询服务体系。继续建设提升景区服务中心，加快建设全域旅游集散中心，在商业街区、交通枢纽、景点景区等游客集聚区设立旅游咨询服务中心，有效提供景区、线路、交通、气象、海洋、安全、医疗急救等信息与服务。

（十八）规范完善旅游引导标识系统。建立位置科学、布局合理、指向清晰的旅游引导标识体系，重点涉旅场所规范使用符合国家标准的公共信息图形符号。

五、加强环境保护，推进共建共享

（十九）加强资源环境保护。强化对自然生态、田园风光、传统村落、历史文化、民族文化等资源的保护，依法保护名胜名城名镇名村的真实性和完整性，严格规划建设管控，保持传统村镇原有肌理，延续传统空间格局，注重文化挖掘和传承，构筑具有地域特征、民族特色的城乡建筑风貌。倡导绿色旅游消费，实施旅游能效提升计划，降低资源消耗，推广使用节水节能产品和技术，推进节水节能型景区、酒店和旅游村镇建设。

（二十）推进全域环境整治。积极开展主要旅游线路沿线风貌集中整治，在路边、水边、山边、村边开展净化、绿化、美化行动，在重点旅游村镇实行改厨、改厕、改客房、整理院落和垃圾污水无害化、生态化处理，全面优化旅游环境。

（二十一）强化旅游安全保障。组织开展旅游风险评估，加强旅游安全制度建设，按照职责分工强化各有关部门安全监管责任。强化安全警示、宣传、引导，完善各项应急预案，定期组织开展应急培训和应急演练，建立政府救助与商业救援相结合的旅游救援体系。加强景点景区最大承载量警示、重点时段游客量调控和应急管理工作，提高景区灾害风险管理能力，强化对客运索道、大型游乐设施、玻璃栈道等设施设备和旅游客运、旅游道路、旅游节庆活动等重点领域及环节的监管，落实旅行社、饭店、景区安全规范。完善旅游保险产品，扩大旅游保险覆盖面，提高保险理赔服务水平。

（二十二）大力推进旅游扶贫和旅游富民。大力实施乡村旅游扶贫富民工程,通过资源整合积极发展旅游产业,健全完善"景区带村、能人带户"的旅游扶贫模式。通过民宿改造提升、安排就业、定点采购、输送客源、培训指导以及建立农副土特产品销售区、乡村旅游后备厢基地等方式,增加贫困村集体收入和建档立卡贫困人口人均收入。加强对深度贫困地区旅游资源普查,完善旅游扶贫规划,指导和帮助深度贫困地区设计、推广跨区域自驾游等精品旅游线路,提高旅游扶贫的精准性,真正让贫困地区、贫困人口受益。

(二十三)营造良好社会环境。树立"处处都是旅游环境,人人都是旅游形象"理念,面向目的地居民开展旅游知识宣传教育,强化居民旅游参与意识、形象意识和责任意识。加强旅游惠民便民服务,推动博物馆、纪念馆、全国爱国主义教育示范基地、美术馆、公共图书馆、文化馆、科技馆等免费开放。加强对老年人、残疾人等特殊群体的旅游服务。

六、实施系统营销,塑造品牌形象

(二十四)制定营销规划。把营销工作纳入全域旅游发展大局,坚持以需求为导向,树立系统营销和全面营销理念,明确市场开发和营销战略,加强市场推广部门与生产供给部门的协调沟通,实现产品开发与市场开发无缝对接。制定客源市场开发规划和工作计划,切实做好入境旅游营销。

(二十五)丰富营销内容。进一步提高景点景区、饭店宾馆等旅游宣传推广水平,深入挖掘和展示地区特色,做好商贸活动、科技产业、文化节庆、体育赛事、特色企业、知名院校、城乡社区、乡风民俗、优良生态等旅游宣传推介,提升旅游整体吸引力。

(二十六)实施品牌战略。着力塑造特色鲜明的旅游目的地形象,打造主题突出、传播广泛、社会认可度高的旅游目的地品牌,建立多层次、全产业链的品牌体系,提升区域内各类旅游品牌影响力。

(二十七)完善营销机制。建立政府、行业、媒体、公众等共同参与的整体营销机制,整合利用各类宣传营销资源和渠道,建立推广联盟等合作平台,形成上下结合、横向联动、多方参与的全域旅游营销格局。

(二十八)创新营销方式。有效运用高层营销、网络营销、公众营销、节庆营销等多种方式,借助大数据分析加强市场调研,充分运用现代新媒体、新技术和新手段,提高营销精准度。

七、加强规划工作,实施科学发展

(二十九)加强旅游规划统筹协调。将旅游发展作为重要内容纳入经济社会发展规划和城乡建设、土地利用、海洋主体功能区和海洋功能区划、基础设施建设、生态环境保护等相关规划中,由当地人民政府编制旅游发展规划并依法开展环境影响评价。

(三十)完善旅游规划体系。编制旅游产品指导目录,制定旅游公共服务、营销推广、市场治理、人力资源开发等专项规划或行动方案,形成层次分明、相互衔接、规范有效的规划体系。

(三十一)做好旅游规划实施工作。全域旅游发展总体规划、重要专项规划及重点项目规划应制定实施分工方案与细则,建立规划评估与实施督导机制,提升旅游规划实施效果。

八、创新体制机制,完善治理体系

(三十二)推进旅游管理体制改革。加强旅游业发展统筹协调和部门联动,各级旅游部门要切实承担起旅游资源整合与开发、旅游规划与产业促进、旅游监督管理与综合执法、旅游营销推广与形象提升、旅游公共服务与资金管理、旅游数据统计与综合考核等职责。发挥旅游行业协会自律作用,完善旅游监管服务平台,健全旅游诚信体系。

(三十三)加强旅游综合执法。建立健全旅游部门与相关部门联合执法机制,强化涉旅领域执法检查。加强旅游执法领域行政执法与刑事执法衔接,促进旅游部门与有关监管部门协调配合,形成工作合力。加强旅游质监执法工作,组织开展旅游执法人员培训,提高旅游执法专业化和人性化水平。

(三十四)创新旅游协调参与机制。强化全域旅游组织领导,加强部门联动,建立健全旅游联席会议、旅游投融资、旅游标准化建设和考核激励等工作机制。

(三十五)加强旅游投诉举报处理。建立统一受理旅游投诉举报机制,积极运用"12301"智慧旅游服务平台、"12345"政府服务热线以及手机 APP、微信公众号、咨询中心等多种手段,形成线上线下联动、高效便捷畅通的旅游投诉举报受理、处理、反馈机制,做到及时公正,规范有效。

(三十六)推进文明旅游。加强文明旅游宣传引导,全面推行文明旅游公约,树立文明旅游典型,建立旅游不文明行为记录制度和部门间信息通报机制,促进文明旅游工作制度化、常态化。

九、强化政策支持,认真组织实施

(三十七)加 大财政金融支持力度。通过现有资金渠道,加大旅游基础设施和公共服务设施建设投入力度,鼓励地方统筹相关资金支持全域旅游发展。创新旅游投融资机制,鼓励有条件的地方设立旅游产业促进基金并实行市场化运作,充分依托已有平台促进旅游资源资产交易,促进旅游资源市场化配置,加强监管、防范风险,积极引导私募股权、创业投资基金等投资各类旅游项目。

(三十八)强化旅游用地用海保障。将旅游发展所需用地纳入土地利用总体规划、城乡规划统筹安排,年度土地利用计划适当向旅游领域倾斜,适度扩大旅游产业用地供给,优先保障旅游重点项目和乡村旅游扶贫项目用地。鼓励通过开展城乡建设用地增减挂钩和工矿废弃地复垦利用试点的方式建设旅游项目。农村集体经济组织可依法使用建设用地自办或以土地使用权入股、联营等方式开办旅游企业。城乡居民可以利用自有住宅依法从事民宿等旅游经营。在不改变用地主体、规划条件的前提下,市场主体利用旧厂房、仓库提供符合全域旅游发展需要的旅游休闲服务的,可执行在五年内继续按原用途和土地权利类型使用土地的过渡期政策。在符合管控要求的前提下,合理有序安排旅游产业用海需求。

(三十九)加强旅游人才保障。实施"人才强旅、科教兴旅"战略,将旅游人才队伍建设纳入重点人才支持计划。大力发展旅游职业教育,深化校企合作,加快培养适应全域旅游发展要求的技术技能人才,有条件的县市应积极推进涉旅行业全员培训。鼓励规划、建筑、设计、艺术等各类专业人才通过到基层挂职等方式帮扶指导旅游发展。

（四十）加强旅游专业支持。推进旅游基础理论、应用研究和学科体系建设，优化专业设置。推动旅游科研单位、旅游规划单位与国土、交通、住建等相关规划研究机构服务全域旅游建设。强化全域旅游宣传教育，营造全社会支持旅游业发展的环境氛围。增强科学技术对旅游产业发展的支撑作用，加快推进旅游业现代化、信息化建设。

各地区、各部门要充分认识发展全域旅游的重大意义，统一思想、勇于创新，积极作为、狠抓落实，确保全域旅游发展工作取得实效。国务院旅游行政部门要组织开展好全域旅游示范区创建工作，会同有关部门对全域旅游发展情况进行监督检查和跟踪评估，重要情况及时报告国务院。

国务院办公厅 2018 年 3 月 9 日